グローバル経済史入門

杉山伸也
Shinya Sugiyama

Eurus
Notus
Boreas
Zephyrus

岩波新書
1512

目　次

プロローグ――グローバル・ヒストリーのなかのアジア

1　グローバリゼーションと経済史

経済史から考える

世界をみる眼や歴史へのアプローチは、無意識のうちにその時代の状況を反映し、またその時代によって制約されている。一九世紀のヨーロッパの最盛期を経験したカール・マルクスもマックス・ヴェーバーも、けっして例外ではなく、関心はアジアの停滞をいかに説明するかにあった。経済史は、地域的にも時代的にも多様な人間社会でおきた、多様な経済事象の因果関係を歴史的にあきらかにする学問である。具体的にはモノ・ヒト・カネ・情報の四つのファクターが、どのような経済システムのなかで、どのように生産・流通・消費されてきたかを歴史的に説明するものといってよい。しかし、歴史はどのようなアングルからとらえるかによって、歴史像は異なってくる。

私たちが生きている現代の世界は歴史的に形成されてきたもので、そこには過去から現在にいたるまでの歴史が凝縮されている。経済学者のJ・M・ケインズは「未来のために過去に照らして現在を研究しなければならない」(『マーシャル伝』)と指摘し、また歴史家のE・H・カーは「歴史とは過去の出来事としだいにあきらかになりつつある未来とのあいだの対話」(『歴史とは何か』)といっているが、未来も歴史の制約から自由ではありえない。

現実の経済が刻一刻と動いていることは、為替レートや株価の変動にみられるように日々経験していることであるが、それは時間的な長短があるとはいえ、過去においてもおなじであった。どうして地域や国によって経済成長率が異なり、国民一人当りの所得や生活水準に大きな格差がみられるのか。一方で富裕な国々が生まれ、他方で貧困や飢餓、人口や保健・衛生、教育問題などにいまなおくるしむ国々が生まれるようになったのか。国際的な通貨問題や金融危機にはどのような背景があるのか。また地球的規模での環境悪化など人類の生存自身を危うくする問題はどのようにして生じてきたのか。本書では、こうした従来の国民経済のフレームワークではとらえきれない、国や地域を超えたグローバルな問題が形成されてきた歴史的なプロセスについて、考えてみたい。

もっとも、歴史研究は跡づけ的な傾向がつよく、歴史家には都合がよいが、過去に生きていた人々にとっては無意味である、とよくいわれている。人間の経済活動は歴史的一面にすぎないし、また歴史事象がすべて数量化できるわけでもなく、ナショナリズムなど政治イデオロギーや宗教・文化などの非経済的要因が大きな役割を演じてきたこともあきらかである。しかし、経済史からみるアングルには、たとえ限界があるとしても、ほかのどの方法よりも多くの事象を説明できるのではないかと確信している。

グローバル・ヒストリーの登場

「グローバリゼーション」という語彙が一般的につかわれるようになったのは、一九九〇年代以降のことである。その背景には、経済的には八〇年代後半の金融ビッグバンや、インターネットの普及などIT革命とよばれる情報通信技術の発展、政治的にはソ連や旧東欧の社会主義圏の解体で、国境を超えて政治と経済のグローバル化が急速に進展したことがあった。歴史研究においても、こうした「グローバリゼーション」の進展を背景にして歴史的に検討しようという機運がたかまり、二〇〇〇年以降「グローバル・ヒストリー」や「グローバル・スタディズ」など「グローバル」を冠した書籍やジャーナルがあいついで刊行されるようになった。

こうした背景には、アジアNIEsやBRICSの経済成長によって、かつてのように工業化が欧米諸国に特有の現象ではないことが現実的になったこと、国境を超える貿易や資本の移動の拡大や多国籍企業の経済活動など、それまでの一九世紀の西欧優位の世界をそのまま過去に投影して歴史を再構成させた西欧中心主義的《ユーロセントリック》な歴史観では、こうした世界の動きを十分にとらえることができなくなったことがある。マルクスに代表される一国レベルの発展段階論が急速に影響力を失い、またブローデルに代表されるアナール学派の全体史が、地域的にはヨーロッパから、そして時代的には一八世紀から脱却することができず、またA・G・フランクやS・アミンの従属理論やE・ウォーラーステインの近代世界システム論にしても、アジアはまったく視野にはいってこない（もっとも、フランクの自己批判的な近著『リ・オリエント』はその対極に位置するが、逆に一九世紀以降が対象にはいってこない）。近代経済成長は、西ヨーロッパが先行したとはいえ、輸入代替型工業化であるか、あるいは輸出主導型工業化であるかを問わず、時間的な差異の問題であって、かならずしも制度学派が主張するように、国内の制度的要因の問題ではない。

このようにグランド・セオリーが行きづまるなかで、歴史研究ではしだいに一次史料に依拠する細分化、専門化の傾向がつよくなった。しかし、こうしたグローバルな問題を解くためには、既存の歴史アプローチでは限界があり、方法論的にも異なったパラダイムやフレームワークが必要となる。そうしたなかで登場してきたのが、経済史を中心とするグローバル・ヒストリーであった。

2　グローバル・ヒストリーの特徴

グローバル・ヒストリーと世界史

それでは、「グローバル・ヒストリー」と「世界史」とは、なにが違うのだろうか。これまでの世界史の基本的な単位は国家主権をもつ国民国家や国民経済で、各国の歴史を積み上げたものがそのまま世界史になるが、それはいつのまにか一九世紀の世界を反映したヨーロッパを中心とする世界史にすりかえられてしまった。経済史のテキストとして定評のたかいR・キャメロンの『概説世界経済史』は実質的にはヨーロッパ経済史であるし、あるいはポール・ケネディの『大国の興亡』やC・P・キンドルバーガーの『経済大国興亡史』に代表的にみられるように、国際政治や国際経済で主導的な役割をはたす欧米諸国を主要なアクターとする覇権国の変遷史として描かれる。

現段階でグローバル・ヒストリーに明確な定義があるわけではないが、それとは対照的に、グローバル・ヒストリーでは、最初から世界の多様な国や地域が存在することを前提にして、歴史を地球的規模で鳥瞰的かつ総体的にみるところに大きな特徴がある。したがって、先進国だけでなく、植民地も途上国も受動的ではなく、能動的なアクターとして登場する。また、グローバル・ヒストリーでは、ユーラシア、南北アメリカ、アフリカ、オーストラリアなどの大陸部と、太平洋、大西洋、インド洋などの海域がともに対象になるので、地域的な空間軸がひろいだけではなく、同時に歴史的な時間軸のながいことも特徴である。したがって、テーマも、砂糖、コーヒー、茶、タバコ、銀、綿織物などの世界商品から、疫病や感染症、環境、帝国、特定地域の生活水準や実質賃金の研究など多岐にわたることになる。

アジアと西洋との関係をあつかった研究のなかでも、K・M・パニッカルの『西洋支配とアジア』とD・F・ラックの大著『ヨーロッパ形成期におけるアジア』は特筆に値するが、グローバル・ヒストリーはこうした研究の延長線上にあるわけではなく、むしろヨーロッパ中心史観にもとづく歴史解釈に対するアンチ・テーゼとして提起されたものである。そこではヨーロッパは相対化され、同時に資源の賦存状況や地理的・地政学的な環境の差異も大きいために、地域や国々の多様性や多経路性が重視される。したがって歴史叙述も、クリス・ベイリーの

『近代世界の誕生』にみられるように多中心主義《マルチ・センタード》の世界同時代史として、あるいはジョン・ダーウィンの『ティムール以降の世界帝国の興亡』のようにアジアもヨーロッパもふくめた帝国の歴史として描かれる。

関係史と比較史

グローバル・ヒストリーは、大きくふたつのアプローチにわけられる。ひとつは地域間や諸国間の関係に焦点をおく「関係史」であり、もうひとつは地域や各国相互の比較に焦点をおく同時代的な「比較史」である。「関係史」は抽象性がたかいのに対して、「比較史」は、比較のための指標を標準化する必要があるので、数量的アプローチが中心になる。しかし、数量化できる指標は人口、物価、賃金、カロリーなどにかぎられるので、対象も限定されてしまう。

しかし、ここで大きな問題が生じる。多様性や多経路性を認めると、社会的・文化的背景の異なる地域を比較すること自体が無意味になってしまう。いいかえれば、「関係史」がナショナル・ヒストリーの枠組をこえなければならないのとは対照的に、「比較史」は既存の基本的データが国あるいは地域レベルで作成されているので、関係史と比較史は方法論的に矛盾をきたすことになる。

グローバル・ヒストリーの魅力は、同時にウィーク・ポイントでもある。まず、時間軸や空間軸が大きいために議論が抽象的になりやすく、どうしても実証的な緻密さに欠ける傾向がつよい。また現段階では方法論が確立しているわけではなく、しかも多様性に対して寛容であるために、テーマが個別化する傾向もつよい。とくにグローバル・ヒストリーにおける「世界」の主語が明確でないために、従来とおなじ覇権国を中心国とする議論におちいるおそれも多分にある。あえてグローバル・ヒストリーを名のらなくても、既存の歴史研究のフレームワークのなかで十分に可能な研究も多くみられるが、グローバル・ヒストリーは「魔法の杖」ではないし、同時代の世界を見透すことのできない議論はグローバル・ヒストリーからはほど遠いように思われる。

3　グローバル経済史のなかのアジア

GDPの歴史的変化

表1は、アンガス・マディソンによる一五〇〇年から二〇〇〇年までの世界のGDP(国内総生産)のラフな推計をしめしているが、アジアはデータがかぎられていることもあって過小

評価されている。しかし、この統計でも、一八二〇年頃まではアジアが人口の七〇％弱、GDPの六〇％前後をしめていたのに対して、西ヨーロッパは人口の一三％、GDPでは一八二〇年でも二三％をしめるにすぎなかった。マディソンの推計では、一七〇〇年の西ヨーロッパの一人当りGDPはアジアの約二倍になるが、ケネス・ポメランツによれば、一八世紀後半までの中国の長江下流域や日本の畿内の一人当りGDPは西ヨーロッパと同等であったという。*

いずれにしても、GDPでみるかぎり、一九世紀まで世界経済の中心はアジアであって、ヨーロッパでなかったことはたしかである。アジアがヨーロッパ世界経済の周辺であったのではなく、ヨーロッパがアジア経済の周辺にあったのである。したがって、これまでヨーロッパを中心に描かれてきた世界史はヨーロッパという一地域の歴史にすぎず、とりわけ一九世紀までの世界史はアジアを中心に書き直される必要がある。こうしてはじめて、なぜ「産業革命」がイギリスでおこり、工業化が欧米諸国でひろくみられる現象になったのか、その世界史的な意義やヨーロッパ諸国による植民地主義の意味を問うことが可能になる。

＊　ここで統計の限界についてふれておきたい。統計データはいったん数値化されると、それがあたかも歴史的現実であったかのように一人歩きするようになる。データの精度にも地域差があり、また歴史データは時代をさかのぼるほど少なくなるので、どんなに高度な統計学的処理をほどこしても誤

実質 GDP（推定）

（単位：10 億ドル，（　）内は%）

	1820	1870	1913	1950	2000
	413(59.4)	427(38.4)	680(24.9)	984(18.5)	13,762(37.7)
	21 (3.0)	25 (2.3)	72 (2.6)	161 (3.0)	2,669 (7.3)
	229(32.9)	190(17.1)	241 (8.8)	240 (4.5)	4,330(11.9)
	111(16.0)	135(12.1)	204 (7.5)	222 (4.2)	1,924 (5.3)
	160(23.0)	368(33.0)	902(33.0)	1,396(26.2)	7,430(20.4)
	36 (5.2)	100 (9.0)	225 (8.2)	348 (6.5)	1,180 (3.2)
	63 (9.0)	134(12.0)	367(13.4)	695(13.0)	1,975 (5.4)
	13 (1.8)	98 (8.8)	517(18.9)	1,456(27.3)	7,942(21.8)
	15 (2.2)	28 (2.5)	120 (4.4)	416 (7.8)	3,057 (8.4)
	31 (4.5)	45 (4.1)	79 (2.9)	203 (3.8)	1,176 (3.2)
	695 (100)	1,113 (100)	2,732 (100)	5,330 (100)	36,502 (100)

所訳）『経済統計で見る世界経済 2000 年史』（柏書房，2004 年）より

で，各時代の各国通貨を購買力平価と物価変動率で 1990 年の共通国

差は拡大し、信頼性は低下する。

ＧＮＰ（国民総生産）やＧＤＰなどのマクロ指標は、家計や企業などの調査（悉皆調査、抽出調査、申告調査など）にもとづく膨大な個別データを、人為的に繰り返し加工・調整《チューニング》しながら統計学的に処理した推計で、多くの仮定のうえに成り立っている。物価や賃金のデフレータのとり方やウェイトのかけ方の相違によって統計に大きな乖離が生じるが、検証はきわめてむずかしい。したがって、統計を読むときには、こうした限界を念頭において、ひとつの解釈にすぎない程度に距離をおいて考えることが大切である。

表1　世界各地域の

	1500	1600	1700
アジア計	161(65.0)	217(65.4)	230(61.8)
日　本	8 (3.1)	10 (2.9)	15 (4.1)
中　国	62(24.9)	96(29.0)	83(22.3)
インド	61(24.4)	74(22.4)	91(24.4)
西ヨーロッパ計	44(17.8)	66(19.8)	81(21.9)
イギリス	3 (1.1)	6 (1.8)	11 (2.9)
ロシアおよび東欧	15 (6.1)	21 (6.3)	28 (7.4)
アメリカ合衆国	1 (0.3)	1 (0.2)	1 (0.1)
ラテン・アメリカ計	7 (2.9)	4 (1.1)	6 (1.7)
アフリカ計	19 (7.8)	23 (7.1)	26 (6.9)
世界合計	248 (100)	331 (100)	371 (100)

資料）アンガス・マディソン(金森久雄監訳・政治経済研究
作成.
注）単位のドルは「1990年ゲアリー=ケイミス国際ドル」
際ドルに換算したもの. 1950年のロシアはソ連.

グローバル経済の形成

グローバル経済がいつからはじまったかについては、さまざまな議論がある。ウォーラーステインは一六世紀に「近代世界システム」が成立したことを強調し、デニス・フリンは西ヨーロッパがアジアを世界経済に包摂した一五七一年のマニラ建設をグローバル化の出発点ととらえているが、一六世紀当時の貿易や金融のネットワークは世界的規模で恒常的に機能するものではなかった。また一八三〇年代以降の環大西洋経済を重要視する見解もある(オルーク&ウィリアムソン)が、アジアは当然視野にはいってこない。

歴史的に世界的規模で植民地支配をともなう海洋帝国を形成したのはスペインとイギリスであるが、アジアと新大陸の双方にまたがる帝国はイギリスだけであった。グローバル経済の指標としては、モノ・ヒト・カネ・情報が国境を超えて移動可能となる市場経済システムの形成とそれを保証する国際レジームの制度的確立が必要となる。その意味で、経済のグローバル化の始点は、「パクス・ブリタニカ」の時代の一九世紀半ばにもとめるのがもっともふさわしい。それは産業革命、自由主義思想、交通・通信革命、金本位制の四つの複合的な要因があってはじめて可能であった。この時代には、国境を超える経済と国民国家を超えられない政治との軋轢、いいかえればグローバリゼーションが必然的に内包するリベラリズム(自由主義)とナショナリズム(国民国家)との相剋の問題が明確になったのである。

本書の時代区分

本書では、一四世紀以降、「大航海時代」をへて現代にいたるまでの約七〇〇年にわたる世界の歴史を、アジアを中心とする歴史的文脈《コンテクスト》のなかで考察する。ただし、主要な関心は、あたらしい史実の発見というよりも、すでにあきらかにされている歴史的事実をあらたな文脈のなかに位置づけて再解釈することにおかれている。

この長期の歴史的プロセスは、三つの大きな時代にわけられる。歴史が国境を超えてダイナミックに動くようになったのは「大航海時代」といえるが、一八世紀末までのアジアは自立した経済圏をもち、ヨーロッパとの交易を必要としないアジア優位の時代であった。したがって、本書のストーリーは「大航海時代」以前のアジアからはじまる。

一八世紀後半からイギリスではじまる産業革命とその普及はアジアとヨーロッパの貿易関係を逆転させ、一九世紀には「パクス・ブリタニカ」のもとで世界貿易が拡大した安定した時代をむかえた。この時代は、欧米型の市場経済システムの世界的な拡大と同時に、ヨーロッパ諸国の植民地主義による領土支配の時代であり、のちの歴史に大きな刻印をのこすことになった。

第一次世界大戦は、「パクス・ブリタニカ」に象徴されるヨーロッパ優位の時代を終焉させ、イギリスとアメリカの相対的な位置関係を逆転させて「パクス・アメリカーナ」への移行期となっただけでなく、一九一七年のロシア革命の結果、あらたにソヴィエト連邦というこれまでになかった社会主義体制の国家が成立した。したがって、一八世紀末の産業革命の時代から第一次世界大戦までの時代を、ヨーロッパ的パラダイムによって世界が再編された「長期の一九世紀」として、位置づけた。

資本主義と社会主義のふたつの体制の併存は二〇世紀を特徴づけるもので、第二次世界大戦後の冷戦をへて、一九九〇年前後のソ連・東欧の社会主義圏の民主化運動と体制の崩壊までつづくことになる。G・アリギは蓄積システムの長期サイクル論から「長い二〇世紀」を強調している(『長い二〇世紀』)が、その対象は西側世界にかぎられ、グローバル経済史の視点からはエリック・ホブズボームの「短期の二〇世紀」(『二〇世紀の歴史』)の概念の方がふさわしいといえる。米ソ両国の対立は、冷戦下で政治的危機や局地戦をともないながらも世界大戦にいたることはなく、相互に牽制しあう抑止力として機能した。植民地主義による経済支配をしいられたアジア、ラテン・アメリカ、アフリカの諸地域は、第一次世界大戦と欧米諸国に端を発する一九二九年の世界恐慌、さらに第二次世界大戦によって翻弄され、第二次大戦後の経済再建はいちじるしく困難なものになり、「南北問題」というあらたな問題をひきおこすことになった。

先進国が低成長の時代にはいり、アジアNIEsやBRICSなどの新興国が急成長をみせているにもかかわらず、先進国と新興国や途上国との経済格差はむしろ拡大している。ふたつの体制が終焉をむかえ、地球環境問題という大きな課題に直面しつつある世界は、どこにむかっているのだろうか。グローバリゼーションの彼方には、どのような世界が考えられるのだろうか。こうした問題を考えるためには、まず現在の世界が形成されてきた歴史的プロセスをたどってみることが必要となる。

第Ⅰ部　アジアの時代

——一八世紀までの世界

第一章　アジア域内交易と大航海時代

1　アジア域内交易

一六世紀の世界

一六世紀後半から一七世紀前半にかけての時代は、アジアにおいても西ヨーロッパにおいても、ともに変動の時代であった。中東ではオスマン帝国が台頭してヨーロッパにとって大きな脅威となり、西アジアではサファーヴィー朝がアッバース一世（在位一五八七～一六二九年）のもとで最盛期をむかえ、南アジア（インド）ではムガル帝国の興隆がみられた。

東南アジアでは、タイ（一九三二年の立憲革命まではシャム）のアユタヤ朝（一三五一～一七六七年）が港市バンコクを中心に貿易・商業国家として発展し、中国への朝貢貿易や琉球との貿易関係をもち、一六世紀末にはナレースエン大王（在位一五九〇～一六〇五年）のもとで強力な支配体制を確立した。またビルマのタウングー朝(一五一〇～一七五二年)は、アユタヤ朝と抗争をくりかえし、ジャワ西部のバンテン王国やスマトラ北端のアチェ王国などの港市国家がさかえた。A・リードは、こうした一五世紀半ばから一七世紀末の東南アジアを「交易の時代」、「国家形成の時代」、それにつづく一七四〇～一八四〇年を「華人の世紀」とよんでいる。

東アジアをみても、中国では明朝から清朝への交替期にあたり、日本では、戦国大名の群雄割拠の時代から織田信長や豊臣秀吉による全国的な統一政権の形成がすすみ、一六〇三(慶長八)年には徳川家康が征夷大将軍に任命されて徳川幕府をひらき、以降二六〇年余にわたる長期政権が成立した。

西ヨーロッパでも、国民国家の形成がすすんだ。一四世紀から一六世紀における近代ヨーロッパの胎動は、地域内ではルネサンス、対外的には非西欧世界との「遭遇《エンカウンター》」や「交流《エックスチェンジ》」が大きな起動力となった。一四九二年のクリストファー・コロンブスによる西インド諸島の「発見」にはじまる「大航海時代」(the Age of Discovery)は、ヨーロッパ社会にダイナミズムをあたえ、長期的にはヨーロッパの変容をうながす大きな転機となったが、一八世紀末まではアジアのヨーロッパに対する経済的優位はゆらぐことはなかった。アジアの科学や技術の水準はたかく、ルネサンスでさえ、イスラームからの数学や物理など自然科学知識や中国からの造船技術や航海法・羅針盤、火薬、印刷などアジアの知的資産のうえに開花したもので、その延長線上にヨーロッパにおける科学技術や産業技術の発展が可能となり、工業化への基盤が形成されることになった。その意味で、ヨーロッパにおける経済成長は、アジアを滋養としてはじめて可能となったのである。

アジア域内交易

「大航海時代」以前のアジアでは、すでに内陸や海上ルートを通じて広範な域内交易がおこなわれ、広域経済ネットワークが構築されていた。一六世紀以降ヨーロッパ諸国がアジア交易に参加するようになると、とくに海上交易の拡大にともなってアジア各地で港市国家や貿易都市の成長がみられた。

このアジア域内交易は、アラビア海とベンガル湾をふくむインド洋を中心とする南アジアと西アジアをカバーする貿易圏と、南シナ海・ジャワ海と東シナ海を中心とする東南アジアと東アジアにわたるふたつの貿易圏から構成されていた。インド洋の面積は七三四〇平方キロメートルで、太平洋（一億六五〇〇万平方キロメートル）、大西洋（一億六四〇〇万平方キロメートル）につぐ第三の大洋であるのとは対照的に、東南アジア・東アジア海域には多数の島嶼《とうしょ》が散在し、地形的にも異なった景観をもっている。そして西側のインド洋世界は、イスラーム商人による商業ネットワークを通じて、地中海世界につながっていた。

アジアでは、毎年五月から一〇月にかけては南西の、一一月から四月にかけては北東のモンスーンとよばれる地域特有の季節風がふき、アジア域内交易は海流とこの季節風という自然条件にしたがっておこなわれた。このふたつの貿易圏をリンクする中継地がマレー半島西岸のマラッカ(メラカ)で、マラッカにはアジア各地からの商人が来航した。南西の季節風の時期にはイスラーム商人やインド商人がマラッカに来航し、中国商人や日本商人は本国に帰航した。逆に北東の季節風の時期にはマラッカに来航していたイスラーム商人やインド商人は本国に帰航し、中国商人や日本商人がマラッカに来航した。

インド洋交易ではイスラーム商人や、グジャラートやベンガルのインド商人、東シナ海・南シナ海交易では中国商人が中心的な役割をはたした。マラッカは商品の集散地で、物々交換を基本に域内の特産品を相互に取引する国際分業がおこなわれていた。マラッカに入港した船舶は、東シナ海・南シナ海のジャンク船やインド洋のダウ船などの伝統的な外航用木造帆船など年間大船一〇〇隻、小船三〇〜四〇隻といわれている。マラッカでの関税は相対的に低く、これがマラッカでの交易が拡大するひとつの大きな要因で、外国商人のなかから域内各地域との交易を担当する四名の港務長官《シャーバンダル》がおかれて、貿易取引をとりしきった。

アジア域内交易では、インドのマラバール海岸のコショウ、グジャラートやコロマンデル海岸の綿織物、ベンガルの綿織物や生糸、モルッカ（マルク）諸島やバンダ諸島の丁字（クローブ）・肉豆蔻（ナツメグ・メイス）などの香辛料、中国の生糸・絹織物や景徳鎮などの陶磁器、日本銀のほか、米、白檀《びゃくだん》、樟脳、工芸品、貴金属、薬種、蠟、藍、鉄製品など多種多様な産物が取引された。カリカットなどマラバール海岸の港市は西アジアや中東、ヨーロッパへの中継港で、各地域内で金融や流通のネットワークが発達していた。アジア域内交易は海上交易だけではなく、隊商《キャラバン》に象徴される陸上交易も大きく、陸上によるヨーロッパとの交易も無視できるものではなかった。

香辛料をはじめとするアジア産品に対するヨーロッパ諸国の需要が非常に大きかったのとは対照的に、アジア域内ではすでに自己完結的で自立した経済圏が成立しており、アジア地域はヨーロッパ諸国と交易する必要も、また域内交易の境界をこえて財貨を入手する必要もなかったのである。

2　アジアの「大航海時代」

オスマン帝国の台頭とインド航路

アジアとヨーロッパとの交易は、シルクロードにみられるように古くから陸路でおこなわれていたが、交易量はかぎられていた。「大航海時代」にヨーロッパがアジアに対してもとめたものは「東方の富」といわれるアジアの産物、なかでもコショウやクローブ、ナツメグ、メイス(ナツメグの外皮を乾燥させたもの)などの香辛料で、香辛料は保存用食肉の味付けあるいは医薬品として利用されたといわれる。そのほか綿織物や絹織物(ヨーロッパで生産されたのは主に麻織物や毛織物)、のちには茶やコーヒーなどの嗜好品がアジアから輸入されるようになった。

こうしたアジアとの交易は、ヴェニスやジェノアなどイタリア北部の都市商人とイスラーム商人とのあいだでおこなわれた。一三世紀末に建国されたオスマン帝国は、一五世紀初めの危機の時代から回復し、一四五三年には東ローマ帝国の首都コンスタンティノープル(現イスタンブール)を攻略、バルカン半島にまで勢力を拡大し、ヨーロッパにとって大きな脅威となった。オスマン帝国は西アジアから地中海にいたる貿易ルートを支配したので、イタリア諸都市の東方貿易は縮小し、コショウをはじめとするアジア産品の供給は制限されて価格が上昇した。こうした状況のなかでヨーロッパでは、アジアにキリスト教国が存在するというプレスター・ジョン伝説が大きなインセンティブとなり、オスマン帝国を経由せずに海上ルートで直接アジアと貿易をおこなおうという機運がしだいにたかまった。

国民国家の形成と重商主義政策

ヨーロッパの非ヨーロッパ地域との接触は、既知の旧世界アジアとの交易と未知の新大陸との交易のふたつの局面をもつもので、前者は既存のアジア域内交易への参入、後者はあらたな環大西洋経済圏の形成を意味した。

北欧とイギリスをのぞくヨーロッパの面積は約三七〇万平方キロメートルで、このなかに多くの王国や領域国家がひしめいていたので、軍事力による領土獲得競争が頻繁におきた。その意味で、近代ヨーロッパ法秩序の基礎として国家主権の概念や国境の確定が重要な意味をもつようになるのも不思議なことではなかった。人口密度がたかく、かつ土地が相対的に狭小な地域において対立や協調を繰り返す過程で、国境の確定や税制、土地の所有権などの概念が明確になり、法的整備など制度によるルール化がおこなわれるようになったことは、むしろ自然の成り行きであった。*

この時期のヨーロッパは、いわゆる封建制から資本制への移行期にさしかかっていた。一六世紀から一八世紀のヨーロッパは、「宗教」、「戦争」、「経済」の三つのキーワードで特徴づけられるが、絶対王政(絶対主義)といわれる強力な王権のもとで国内の政治権力が統一され、あらたな中央集権的な国民国家形成への動きがつよくなった。こうした絶対王政をささえる両論は、国家統治のための行政の組織化、いいかえると官僚制度の確立と、国内の統治と対外膨張のための強力な軍隊、つまり常備軍の確立であった。こうした絶対君主の典型が、スペインのフェリペ二世(在位一五五六〜九八年)とイギリス・テューダー朝のエリザベス一世(在位一五五八〜一六〇三年)である。

この絶対王政期の経済政策は一般的に重商主義政策といわれ、各国の経済力や国富は金銀など貴金属の所有量が指標とされた(重金主義)。国家の経済力の維持あるいは拡大のためには財政基盤の確立が重要な課題で、そのためにはふたつの方法があった。まず租税の対象となる統治地域の確定で、これにともなって国民の負担は増加したが、政府は道路や港湾などのインフラを整備して国内の商工業の保護育成政策をとるとともに、外国貿易を積極的に奨励して財政収入の増加をはかった。国富の増加のためには平和的な対外貿易よりも、戦争による領土拡張や植民地の獲得、私掠行為の方がはるかに容易な方法であったが、対外戦争による領土拡張政策は戦費の増加にともなう国家財政の膨張で「財政軍事国家」化が促進され、その結果、国民の租税負担は増加し、公債依存度も上昇した。

＊ ヨーロッパにおける市場や契約など商取引にかんするルールの規範化は商法として体系化され、ローマ法に起源をもつ成文による大陸法と、判例にもとづくイギリス法にわけられるが、ともに最終的には公権力の裁定にゆだねられる。この市場は、不特定多数の商人が自由に参入できるので競争的になるが、不正な参加者は法によって公的に排除され、市場秩序は維持される。それとは対照的に、アジアの場合には、基本的に公権力が民間の経済活動に介入することはなく、市場秩序は地域におうじて伝統的に形成されたルールによって保証される。訴訟は地域内あるいは当事者間で解決される調停の性格がつよく、ルールに反する商人は信用を失ってコミュニティから淘汰されるが、コミュニティは有力者による談合の場となる傾向もつよく、不正の温床となりやすい。

ポルトガルのアジア進出

東廻りでアジアに進出したのはポルトガルであった。大西洋岸に位置し、航海の知識や経験にすぐれていたポルトガルでは海洋進出の機運がたかく、エンリケ（ヘンリー）航海王がアフリカを回航してアジアにいたる交易路の開拓をこころみ、一四八八年にはバルトロメオ・ディアスがアフリカ南端の喜望峰を発見した。ついで九八年にはヴァスコ・ダ・ガマが貿易風を利用して南大西洋を大きくまわり喜望峰を迂回して、アフリカ東岸のマリンディに到着、同地でグジャラート人の水先案内人を雇い、インド洋を横断してインド南西岸のカリカットに到達した。ダ・ガマにとって「インド航路」は未知の海域であったが、アジア人にとっては既知の海域であった。ダ・ガマの艦隊がカリカットに到着し、来訪の目的を問われたとき、「キリスト教徒と香料」とこたえたという話はよく知られている。

ポルトガルは、アジアで強大な支配力をもつイスラーム勢力と対立し、大砲や銃器など軍事力によって「自由の海」であったインド洋の制海権をにぎり、通行証《カルタス》を発行して海上交易を支配した。ポルトガルは、一五一〇年にゴア、翌年にアジアの貿易拠点マラッカを占領し、一三年には香料諸島のモルッカ諸島に進出した。また同年には中国のマカオに到着し、五七年に明朝から居留権を得て中国貿易をおこなった。

しかし、経済小国ポルトガルは港市をむすぶ「点と線」を支配できたにすぎず、領土的な「面の支配」はできなかったが、現地人との混血化をすすめ、親ポルトガル勢力を育成した。ポルトガルはマラッカ、ゴア、ペルシア湾のホルムズを拠点に、アジア・ヨーロッパ間の海上貿易の主導権を掌握してアジア貿易の独占をめざしたものの、ポルトガルにはアジア産物購入のための十分な銀を調達できるだけの財政力はなく、現実には貿易の独占からはほど遠かった。ポルトガルのアジア貿易の「黄金時代」は一六世紀末までに終焉し、それ以降ポルトガルの貿易は、ブラジルの奴隷貿易などに重心をうつして継続した。ポルトガルによるヨーロッパとの貿易量はアジア域内貿易全体からみればわずかなもので、アジアの交易や経済システムに影響をおよぼすほどのものではなかった。

スペインの進出と銀の輸出

ポルトガルとは逆に、アメリカ大陸経由の西廻りルートでアジアに進出したのはスペインであった。一四九二年、コロンブスはスペインのイサベル一世の援助をうけて西インド諸島に到達したが、かれはそこがアジアであることをうたがわなかった。

コロンブス以降、新世界への航海熱が加速した。一五一九年にマゼランが西廻りで南アメリカ南端(マゼラン海峡)を経由して太平洋を横断し、二一年にフィリピンに到達した。マゼランはフィリピンで戦死したが、艦隊は二二年にスペインに帰国し、地球球体説が証明されることになった。ポルトガルとスペインとのあいだでは新領土をめぐって紛争が生じ、一四九四年のトルデシリャス条約(一五〇六年に廃止)で大西洋の両国の境界線が設定されていたが、さらに一五二九年のサラゴサ条約でアジア域内の境界線も設定され、アジアにおけるスペインの支配はフィリピンに限定されることになった。

一五七一年にマニラが建設され、スペインはマニラを拠点とするアジア貿易を展開した。スペインのアジア貿易は、中国商人による福建との貿易とポルトガル人によるマカオとの貿易からなり、マニラとスペイン本国とはアカプルコ経由でむすばれ、マニラ・アカプルコ間には年一回ガレオン船とよばれる大型帆船が就航した。

一五八〇年代になると中国の生糸、絹織物、陶磁器などの買付のために、中南米で産出された大量のスペイン銀(ドル)がアジアにもたらされ、銀流通量の増加はアジア各地の経済を刺激し、商品経済化を促進した。このスペイン銀はメキシコ銀、メキシコドル、洋銀ともよばれ、一六世紀後半以降二〇世紀初めにいたるまで長期にわたってアジアの決済通貨としてひろく流通し、アジア地域が銀本位制になる一因になった。アジアでは銀高金安、ヨーロッパでは銀安金高であったので、新大陸での奴隷労働による銀山の開発と生産はスペインに大きな余剰をもたらしたが、スペインは産出銀を対外戦争のための膨大な軍事費や王室の浪費に費消してしまい、一七世紀前半には経済的に衰退した。

オランダ東インド会社の設立

オランダの商業中心都市アントウェルペン（アントワープ）は、バルト海貿易やヨーロッパ北部の中継貿易地として繁栄していた。スペインのフェリペ二世は敬虔なカトリック教徒で、プロテスタント（カルヴァン派）のつよいオランダに対して徹底的なカトリック化政策をおこなったために、一五六八年にオランダ北部諸州はスペインに対して反乱をおこし（オランダ独立戦争）、八一年にネーデルラント連邦共和国が成立した（スペインによるオランダ独立の正式な承認は一六四八年のウェストファリア条約）。この過程でイギリスはオランダを支援したためにスペインとの関係は悪化し、八八年にはイギリス艦隊がスペイン無敵艦隊を敗北させるという事件もおきた。

フェリペ二世は一五八〇年にポルトガルを併合（〜一六四〇年）すると、九二年にリスボン港を封鎖してアントウェルペンとの流通ルートを遮断したために、商業・金融の中心地は北部のアムステルダムやロッテルダムにうつり、オランダは自力でアジア貿易への進出を模索するようになった。オランダではすでに一六世紀末に香辛料貿易のための航海会社があいついで設立されたが、アジアでのはげしい買付競争にともなって現地の買付価格は上昇し、ヨーロッパ市場での販売価格は逆に供給量の増加によって下落した。その結果、オランダ商人の利益は減少し、アジア貿易のための組織的で統一的な組織を設立しようという気運がたかまった。

こうして一六〇二年にアムステルダム商人が約五〇％を出資し、資本金六四二万ギルダーで「連合東インド会社」（オランダ東インド会社、VOC）が設立された。それまでのアジア貿易は、一航海あるいは数航海ごとに合同出資の形態をとり、航海後出資金と配当金が分配されていたが、オランダ東インド会社は、一二年に永続企業の形態をとり、株式の譲渡もできたので、まさに世界最初の株式会社であった。オランダ東インド会社は連邦議会から特許状をあたえられ、喜望峰からマゼラン海峡にいたる大西洋以外の地域における貿易独占権のほか、条約締結権や軍事権など国家に代行する権限をもち、一七人会とよばれる取締役会が最高機関として会社の経営にあたった。オランダ東インド会社の設立後、一六〇九年にアムステルダム銀行、一一年には商品取引所が創立され、アムステルダムはヨーロッパの商業・金融の中心地になった。

オランダ東インド会社の商業活動

一七世紀はオランダの「黄金時代」であった。オランダは、インドのコロマンデル海岸のマスリパタムやプリカットに商館を設け、一六〇九年にはジャワ島にバタヴィア（オランダ民族のラテン名バタヴィーに由来）を建設し、ここをアジア貿易の拠点とした。モルッカ諸島では香辛料の栽培もおこなったが、海運力をもつオランダがめざしたのは、政治支配よりも、むしろ東南アジア地域の制海権の掌握による商業利益の確保であった。

オランダのアジア貿易は、ポルトガルやイギリスと対抗関係にあった。英蘭関係は、一六一九年の協定以降友好的であったが、一六二三年にモルッカ諸島のアンボイナ(アンボン)でおきたイギリスによる対蘭謀議の廉でイギリス人や日本人など二〇名が処刑された事件を機に大きく変化した。当時、東南アジアでの日本の交易活動は活発におこなわれていたので、多くの日本人がいたことは驚くべきことではないが、この事件を機にオランダのアジア交易における優位が確立し、イギリスは東アジア・東南アジアでの交易活動から撤退し、インド経営への転換を余儀なくされた。

オランダは、一六三〇年にポルトガルの拠点マラッカを封鎖、さらに四一年には同地を占領してポルトガルの活動を封じこめ、東南アジアにおける制海権を掌握した。こうしたオランダの武力による制海権の掌握とともに、アジア域内の遠隔地交易をささえてきた五〇〇トン級の帆船はしだいに姿を消していった。マラッカはしだいにアジア貿易の中心地としての機能を失い、アジア交易の拠点は対岸のスマトラ島のアチェやジャワ島のバンテンなど周辺の港市国家や王国にうつり、多極化した。

オランダ東インド会社の活動は、アジア・ヨーロッパ間の貿易とアジア域内貿易というふたつの側面をもっていた。アジア・ヨーロッパ間貿易の中心はコショウと香辛料の輸出で、一七世紀前半期にはこの二品で東インド会社の貿易額の約七〇％をしめたが、オランダはヨーロッパ向け香辛料の貿易は独占できたものの、アジア各地で生産されたコショウは、ヨーロッパ諸国間の競争もはげしく、一六二〇年代にオランダが供給できたのはヨーロッパのコショウ総消費量（推定）七〇〇〇万重量ポンドの半分強であったという。

一七〇〇〜三〇年代半ばの時期にはオランダ東インド会社の毎年の配当率は二五〜四〇％の高率にのぼったが、一七世紀後半期にヨーロッパ貿易の主要輸出品が香辛料やコショウからインド産の綿布や生糸にシフトし、さらに一八世紀になり茶やコーヒーの輸出が増加すると、アジア貿易の主導権はしだいにオランダからイギリスに移行していった。

アジア域内貿易は、オランダ東インド会社の活動にとって非常に重要な意味をもっていた。オランダ本国の経済力には限界があったので、アジア貿易の資金を本国からの供給にあおぐことはむずかしく、オランダ東インド会社はヨーロッパ向けのアジア産品の買付資金として金銀、とくに銀を調達しなければならなかった。グラマンの研究によると、一六五二／五三年度にオランダ東インド会社は金の供給総額三二万一七〇〇フローリン（ギルダー）のすべてと、銀の供給総額五五万三七〇〇フローリンのうち七一％に相当する三九万四六〇〇フローリンをアジア域内で調達し、のこりの一五万九一〇〇フローリンの銀を本国からの供給にあおいだ。日本は、石見大森銀山にみられるように、一六世紀以降世界有数の銀産出国で、一七世紀前半期には世界の銀生産量の約三分の一を産出しており、オランダ東インド会社がアジアで調達した銀のうち、日本銀は一三万四九〇〇フローリン(三四％)をしめた。

オランダ東インド会社は、ポルトガルと同様、当時正式の貿易関係のなかった日中交易に参入し、中国産の白糸(生糸)との交換で日本銀を入手した。オランダは一六〇九年に平戸に商館を開設し、一時的に貿易が途絶した時期はあったものの対日貿易を継続し、三三年にはオランダ商館長の江戸参府が制度化された。ポルトガルやスペインのように東アジア海域に貿易拠点のなかったオランダは、一六二四年に台湾南部にゼーランディア城を構築して東アジア貿易の拠点としたが、最終的には六二年に明の遺臣鄭成功によって駆逐されてしまった。一六四一年に平戸のオランダ商館は長崎出島にうつされ、オランダは出島での管理貿易に甘んじたものの、日本銀の入手という対日貿易のメリットを確保することができた。しかし、一七世紀後半に徳川幕府の貿易統制の強化によって日本からの金銀銅の輸出が困難になるにつれて、オランダ本国からのアジア向けの銀の輸出量は急増した。

オランダが、アジア域内でヨーロッパ市場向けに買い付けた最大の商品は、モルッカ諸島の香辛料であった。しかし、モルッカ諸島では銀はうけとらず綿布に対する需要がつよかったので、オランダ東インド会社はアジア域内で調達した銀で、まずインド南東岸のコロマンデル産の綿布を購入し、それをモルッカ諸島に輸送して香辛料と交換するというアジア域内のふたつの貿易圏をまたぐ活動を展開した。ちなみに一六五〇年代にオランダ東インド会社が調達した日本銀の七〇％がインドに送られている。いいかえれば、オランダ東インド会社の活動は、アジア域内の既存の交易パターンのうえに成立したもので、ヨーロッパ的なあらたな経済システムを構築できたわけではなかった。

オランダは、英仏両国との通商競争が激化するなか、一六五一年のイギリスの航海法による保護貿易政策やルイ一四世下に展開されたコルベールの重商主義政策によるフランスとの対立と競争によって、英仏本国やその植民地の中継貿易から締めだされた。とくに四次にわたる英蘭戦争(一六五二〜五四、六五〜六七、七二〜七四、八〇〜八四年)でイギリスの通商上の優位が決定的になり、オランダは一八世紀半ばまでには国際貿易における主導権を失ったが、アムステルダムは国際金融の中心地として機能していた。

ヨーロッパ諸国のアジア貿易はアジアの輸出超過という構造で、ヨーロッパにはアジア市場で競争力のある商品はほとんどなく、貿易決済のために大量の銀(貨幣・地金)がアジアに流出した。経済的・技術的水準でもヨーロッパに対して優位にあったアジア社会では、一七世紀後半期まではヨーロッパの進出と経済活動はアジアの経済システムに影響をあたえるものではなかった。次節でみる新大陸とは異なり、アジアの伝統的な文化や宗教や言語はヨーロッパに同質化されることも融合されることもなく、多様性が維持されたのである。

3　環大西洋経済の形成

新大陸のヨーロッパ化

一四九二年、「大航海時代」の幕開けとなったコロンブスによる新大陸「発見」とおなじ年、イスラーム勢力のヨーロッパ最後の拠点グラナダが陥落し、長期にわたった国土回復運動《レコンキスタ》が終結した。面積も狭小で経済的にもめぐまれなかったヨーロッパにとって、これ以降の広大な新大陸の獲得は、経済成長の起動力として大きな可能性をあたえるものになった。フェルナンデス＝アルメストが指摘するように、「新世界」なしにヨーロッパはアジアに対して優位にたつことはできなかったのである。

大西洋は、太平洋につぐ大洋とはいえ、海流や偏西風など自然環境や交易の状況からみると、北大西洋と南大西洋にわけて考える方が適切である。二海域にわけると、各々の面積はインド洋よりも小さくなる。この環大西洋交易は、スペイン、ポルトガルによる南大西洋経済圏とイギリス、フランス、スペインを中心とする北大西洋経済圏から成立していたが、ここでは、アジアとは異なり、ヨーロッパ諸国は南北アメリカ、西インド諸島、アフリカをつなぐあらたな経済システムを構築することができた。

新大陸の「ヨーロッパ化」は、ふたつのプロセスでおこなわれた。ラテン・アメリカでは、スペインのコルテスが一五二一年にメキシコ高原のアステカ帝国を、さらに三三年にピサロがアンデスのインカ帝国を、武力による殺戮と略奪、さらにヨーロッパからもちこんだ疫病(天然痘・はしか・インフルエンザなど)で両帝国を滅亡させ、先住民の人口は急減した。新大陸にはヨーロッパから馬、牛、豚、羊などの家禽類や輸送用動物がもちこまれ、現地の生態系をかえてしまったが、新大陸からは銀のほか、ジャガイモ、トウモロコシ、トマトなどの農作物、コーヒー、カカオ、タバコなどの嗜好品がヨーロッパにもたらされた。

スペインとポルトガルのカトリック諸国にとっては政治と宗教、いいかえれば領土拡張とカトリックへの改宗は一体化されたもので、現地の伝統的な宗教・言語・文化は一掃され、イエズス会の強力な布教活動で宗教はカトリックに、言語はスペイン語とポルトガル語(ブラジルのみ)に、文化はヨーロッパ文化の移植によっておきかえられた。スペインやポルトガルからの移住民は独身の男性が主体であったために現地での婚姻による混血化がすすみ、ラテン・アメリカやカリブ海地域では植民地特有のクレオール文化が生まれた。

それに対して北アメリカ東部には、一七世紀初めからフランス人やイギリス人が入植して植民地の建設をはじめ、武力と疫病の感染によって先住民のインディアンを服従させ、ヨーロッパの「白人社会」が移植された。英領植民地では英語を基本言語とし、プロテスタントを基本的宗教とする亜ヨーロッパ社会が成立した。イギリスからの移民は、初期には独身男性の年季奉公人が多かったが、しだいに家族単位での移住民が主体になった。一七六〇年頃の大西洋の英領一三植民地の総人口は一九七万人、そのうち三分の二が白人であり、メスティーソ(白人とインディアンの混血)やムラート(白人と黒人の混血)の比率は低かった。こうして新大陸の征服と移住民の増加によって、ヨーロッパの人口圧力は緩和され、新大陸はヨーロッパ社会との宗教的文化的同質性のたかい社会に変容していった。

銀山の開発

南米の銀山開発は一五三〇年代にはじまるが、四〇年代にはペルー（現ボリビア）のポトシ銀山とメキシコのサカテカス銀山の開発によって銀の産出量は急増した。ポトシ銀山では、ミタ制度とよばれる先住民の強制労働を利用して、四〇年代末には年間八万五〇〇〇トン、七〇年代には水銀アマルガム法による銀精錬法の導入によって生産量は急増し、八〇年代末のピーク時の年間生産量は約二八万トンに達し、九〇年代には二七万トンが輸出されたという。

スペイン銀は、ベラクルスやプエルトベロ経由で大西洋からヨーロッパに流れるルートと、アカプルコ経由で太平洋からアジアに流れるふたつのルートがあった。W・バレットの推計によると、スペイン領およびポルトガル領アメリカでの銀生産量は一六世紀が一万三〇〇〇トン、一七世紀が三万一〇〇〇トン、一八世紀が五万二〇〇〇トンで、そのうち七〇％強がヨーロッパに輸出された。ヨーロッパへの輸出銀の二〇〜三〇％はスペイン王室向け、七〇〜八〇％が貿易商など民間ベースで輸出されたが、税金や利益の没収をのがれるための密輸も多く、一六世紀末にはヨーロッパに到着した貴金属の約一〇％は密輸であったという。一七〜一八世紀にはヨーロッパに流入した貴金属のうち約四〇％がアジアに輸出されたと推定されるので、この二世紀間にすくなくとも二万三〇〇〇トンの貴金属がアジア貿易の決済のために流出したことになる。他方、デニス・フリンは、一七世紀には太平洋ルートで一万三〇〇〇トンのスペイン銀がアジアにもたらされたと推計している。銀の最終の流入国は中国で、大西洋あるいは太平洋経由で輸出されたスペイン銀の数値に、一六世紀末から一七世紀の日本銀の輸出量約一万トンをくわえると、一七〜一八世紀に約六万トンの銀が中国に流入したことになる。

奴隷貿易

最初の環太平洋貿易はポルトガルによるブラジル(リオ・デ・ジャネイロ)とアフリカ(アンゴラ)をむすぶ南大西洋を中心とする三角貿易であったが、一七世紀後半から西インド諸島における奴隷の強制労働による砂糖プランテーションがはじまると、イギリス、アフリカ西海岸、西インド諸島をむすぶ北大西洋を中心とする三角貿易がおこなわれるようになった。奴隷は砂糖やコーヒーのプランテーションの労働力として貴重であったばかりでなく、アフリカ社会内部の部族間紛争で獲得された捕虜としてインド産綿布や銃器などの必要品と交換される商品でもあった。一八世紀後半にはイギリスは、帝国の拡大のなかで西アフリカとの交易で購入した奴隷を西インド諸島のプランテーションの労働力として輸出し、西インド諸島でイギリス本国向けの砂糖やタバコなどを買い付けた。

もっとも奴隷貿易は一六世紀にはじまったわけではなく、それ以前にもサハラ交易やインド洋交易で地中海諸国、イスラーム、ムガル帝国に送られていた。一五〇〇～一九〇〇年までの奴隷取引総数は一六五一万人、そのうち六八%が大西洋、三二%がサハラ交易とインド洋交易で取引されたと推定されている。一六世紀半ばからはじまる大西洋の奴隷貿易は一七世紀以降急増し、奴隷貿易の最盛期の一八世紀には五五〇万人の奴隷が輸出され、一八二〇年までに一一〇〇万人に達した。一八世紀末にはアフリカからの輸出額の九〇%は奴隷輸出がしめたが、輸送中の奴隷の死亡率はたかく、一二%にのぼったという。クラインの推計によると、一五〇一～一八六六年の太平洋奴隷貿易の到着地は、西インド諸島などカリブ諸地域が三八%、ブラジル四六%、スペイン領アメリカ一二%で、アメリカは四%にすぎなかった。

奴隷貿易によってアフリカは環大西洋経済圏に統合される一方、イギリスのリヴァプールやブリストルは奴隷貿易の中心地としてさかえ、こうした新大陸との交易はイギリス諸都市の発展を促進した。イギリスでは一八〇七年に人道主義的見地から奴隷貿易廃止法案が成立し、三三年にはイギリス植民地全域で奴隷制度が廃止され、フランスも四八年に奴隷制度を廃止したが、奴隷貿易は八八年にブラジルで廃止されるまでつづいた。奴隷貿易によって蓄積された資本の産業革命への影響については「ウィリアムス・テーゼ」以来賛否両論があるが、奴隷貿易とプランテーションがなければ、ヨーロッパの経済成長がなかったことは否定すべくもない。

4　ヨーロッパ社会の変容──「危機の一七世紀」

価格革命と生活革命

ヨーロッパ域内では北海、バルト海、地中海を中心とする商業が発達し、穀物、毛織物、塩、ワイン、木材、鰊《にしん》などが取引されていた。しかし、アジアや新大陸との遠隔地貿易がさかんになるにつれて商業や市場の規模が拡大しただけでなく、商品も多様化し、取引額も増大した。アジアや新大陸との交易で、ヨーロッパ自身宗教だけは改宗することはなかったものの、社会的文化的には大きく変容した。

一五世紀末から一六世紀を通して、ヨーロッパでは幼児死亡率の低下や移民の流入によって都市化がすすみ、西ヨーロッパの人口は、一五〇〇年には五七三〇万人、一六〇〇年には七三八〇万人、一七〇〇年には八一五〇万人に増加したと推定され、同時に一五世紀末から一七世紀前半にかけて長期的な物価騰貴（「価格革命」）と実質賃金の低落がみられた。とくに一七世紀はユグノー戦争、オランダ独立戦争、三〇年戦争などヨーロッパ各地で戦争がつづき、地中海貿易の衰退もいちじるしく、「一七世紀の危機」といわれる。このヨーロッパの「一七世紀の危機」をすくったのが、アジアと新大陸との貿易の拡大であった。

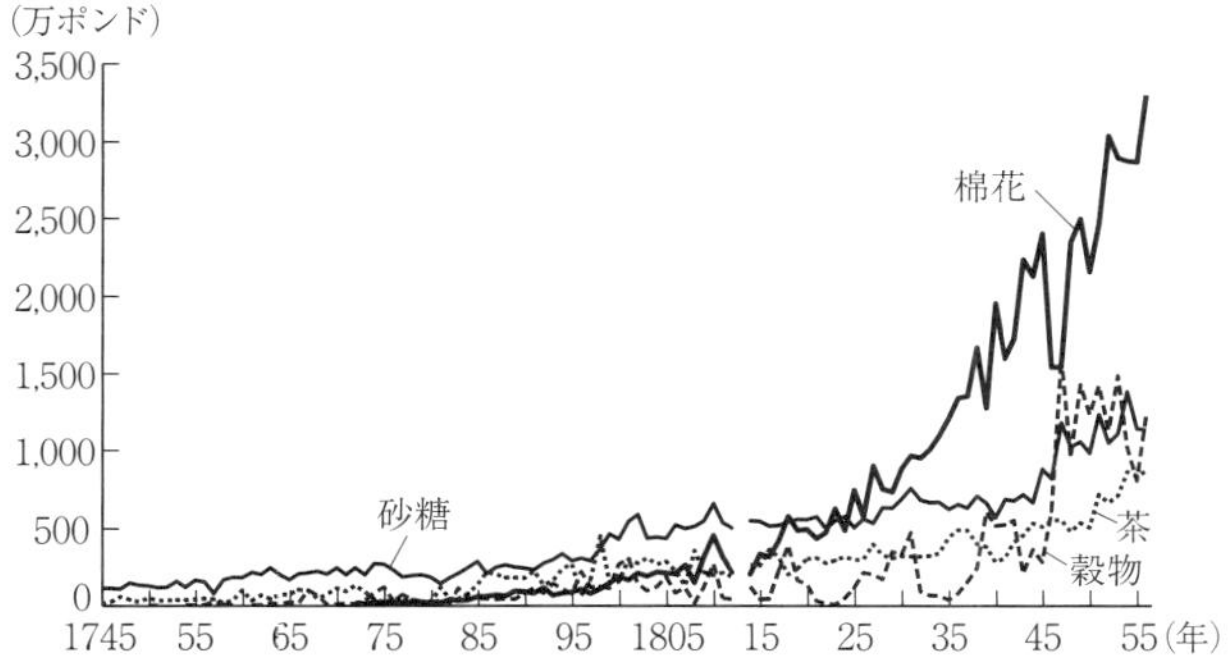

図１　イギリスの主要輸入品(1745〜1856年)
資料) B. R. Mitchell and P. Deane, *Abstract of British historical statistics* (CUP, 1971)より作成.

価格革命についての伝統的な説明は、新大陸からのスペイン銀の大量の流入によって貨幣供給量が増加し、物価騰貴が生じたという貨幣数量説によるものである。それに対して、穀物など農産物の物価騰貴は銀の流入にさきだってすでにはじまっていたことから、人口増加に対して食料生産は非弾力的であるために農産物価格が騰貴したという人口増加説が主張されるようになった。しかし、スペイン銀の密輸入をふくめた正確な流入量はわからないうえに、貨幣の流通速度の上昇も考慮すると、人口増加説だけで長期の物価騰貴を説明するにはパワー不足で、一六世紀以降については貨幣数量説を一概に捨て去ることもできない。

アジアや新大陸との交易によってヨーロッパの生活様式は大きな影響をうけ、ヨーロッパになかった生活習慣が形成されていった。一七世紀後半からインド産のキャリコやモスリンなどの薄手の上質綿織物が、一八世紀には中国産の茶と絹織物、アラビア産のコーヒー、新大陸の砂糖、タバコなど衣料や嗜好品を中心にあたらしいタイプの商品がもたらされてヨーロッパの日常生活は根底からくつがえされ、現在のヨーロッパ的といわれる生活様式が形成された。イギリスの貿易をみても砂糖、茶、穀物の輸入が中心で（図1）、一八世紀後半からアジアと新大陸（北米と西インド諸島）からの輸入が急増し、毛織物輸出の重要性が相対的に低下した結果、貿易収支の逆超がいちじるしくなった。一七世紀半ば以降ロンドンのコーヒーハウスはあらたな飲料や情報の交換の場としてさかえ、イギリスでは中国産の紅茶に西インド諸島産の砂糖をいれてのむ習慣がしだいに大衆化していった。

第二章　近世東アジアの国際環境──中国と日本

1　明代の政治と経済

明朝の成立と朝貢システム

一六世紀後半から一七世紀前半の時代は、東アジアにおいても大きな転換期であった。中国では明清交替期にあたり、日本では戦国時代から徳川時代にかけて国家形成がすすんだ。そして中国・日本・朝鮮三国間の交易は、アジア域内分業の一環として、日本の銀、中国の生糸・絹織物や陶磁器、朝鮮の綿布などが取引された。

明朝は朱元璋（洪武帝、在位一三六八〜九八年）が建国した王朝で、洪武帝の死後、建文帝が即位したものの、一三九九年に第四子の燕王永楽帝（在位一四〇二〜二四年）が挙兵し、甥の建文帝をたおして皇帝の地位についた（靖難の変）。この永楽帝の時代の明朝は、積極的な対外進出政策により陸と海の帝国を建設し、陸上では北方のオイラトやタタールなどモンゴル族討伐のために外征をおこない、またベトナムの北半も占領した。

明朝は里甲制にもとづいて現物主義(穀物による納税)の経済政策によって農民を統治し、そのために土地台帳の「魚鱗図冊」や戸籍・租税台帳の「賦役黄冊」が作成された。明朝は同時に、対外的には民間の海外貿易を禁止する海禁政策をとり、国内経済を貿易から切り離したが、海禁政策はかえって密貿易や海賊の活動を促進し、とくに倭寇は、日中朝三国間の交易を対象に中国の北部沿岸や朝鮮半島南部の黄海を中心とする海域で、略奪的な活動をおこなった。

明朝は、民間レベルでの海禁政策と併行して、政府レベルであらたな外交・貿易関係の構築をはかり、周辺諸国に朝貢をもとめ、これにおうじて安南・占城《チャンパ》(ベトナム)、シャム、ビルマ、朝鮮、琉球などが明に朝貢使節を派遣した。こうして永楽帝の時代に確立された明朝の対外関係システムは、朝貢(冊封)システムとよばれる。

永楽帝は、イスラーム教徒の宦官鄭和に命じてアジア諸地域への遠征を実施した。鄭和の遠征は一四〇五年から三三年にかけて計七回おこなわれ、ベトナム、ジャワ、スマトラ、マラッカなど東南アジア諸地域だけではなく、カリカット、ベンガル、アデン、ジェッダ、さらに東アフリカのマリンディにまでおよんだが、このことはこの時期にすでにアジア域内交易がひろくおこなわれていたことを物語っている。明の海軍力はヨーロッパ諸国をはるかにしのぐもので、鄭和の艦隊は四〇〜一〇〇隻の大型木造艦船から構成されていた。旗艦の宝船《ほうせん》は全長約一三〇メートル、全幅約五〇メートルの大船といわれ、コロンブスのサンタ・マリア号の五倍もあったという。鄭和の遠征は、アジア域内交易を前提に中国を頂点とするアジア的規模での地域秩序の整序化を意図するものであったが、朝貢システムが定着したのはアジア域内交易の東半分の東アジアと東南アジア地域にかぎられた。

朝貢システムは、国家主権にもとづいて条約によって規範化されたヨーロッパ的な秩序とは異なり、東アジア・東南アジアにおいて中国が朝貢国に政治的正当性を付与するゆるやかな階層的地域秩序で、そこでは国境は明確なものではなく、むしろグレイゾーンであった。朝貢システムは政治・外交関係と貿易関係という二つの側面をもち、朝貢使節団には貿易商人も同行して大規模な交易がおこなわれた。

「朝貢」にはかならずしも明確な定義があるわけではないので、統計的考察には再考の余地があるものの、これまでの研究では、明への朝貢の回数は、琉球が一七一回でもっとも多く、ついで安南（ベトナム）が八九回、朝鮮が三〇回といわれている。朝貢使節団は、主に自国や東南アジア産品を朝貢品として貢納し、回賜品として中国産品を入手した。日明間の勘合貿易は一四〇四（応永一一）年の足利義満のときにはじまったが、日本の明への朝貢回数は一九回にすぎず、日本は朝貢貿易からは一定の距離をおいた微妙な位置にあった。一六世紀後半には、朝貢はしないもののアジア各地の港市で取引をする出会貿易などによって交易関係のある諸地域との「互市」のシステムが形成され、ヨーロッパやイスラーム諸国は、朝貢システムの外にある「化外」の民とされた。

江南デルタの発展

マーク・エルヴィンは、中国ではすでに宋代(九六〇～一二七九年)に産業技術のめざましい発達がみられ、人口増加に十分対応できるたかい技術水準に到達していたので、近代的産業技術の導入の必要がなかったと主張し、これを「高水準均衡の罠」(high-level equilibrium trap)とよんでいる。

一五世紀後半から一六世紀は、中国国内の産業にいちじるしい発展がみられた時代であった。経済の中心地域は長江中下流域で、江南デルタ(江蘇省・浙江省)の蘇州や湖州の生糸や絹織物、松江の綿織物など職人的技能水準のたかい手工業生産が都市の専業や農家の副業として急速に発展し、また茶や藍などの農作物や陶磁器・鉄・紙などの商品生産が進展した。これにともなって米穀生産の中心は、江南デルタから大規模な水田開発がおこなわれた湖広(湖南・湖北省)

にうつり、江南と湖広の地域分業関係が形成された。

こうした地域的分業の進展によって穀物、綿織物、絹織物、生糸、塩、茶、砂糖、大豆、大豆粕などの生活用品が、江南デルタを軸に、北部の北京や東北部へは大運河、西部の漢口や重慶へは長江の河川交易、さらに北洋と南洋の海上交易により長距離輸送されるようになった。こうした商工業の発展にくわえて、ヨーロッパ人による中国産品の買付も拡大して大量の銀がもたらされたので、江南デルタ地域を中心に貨幣による経済取引が活発になった。

「北虜南倭」と銀の流入

明朝にとって大きな対外問題は、北方のモンゴル族と東シナ海の倭寇の脅威といういわゆる「北虜南倭」で、一五五〇年代にピークに達した。明朝は、一四世紀末から北方防備の軍需品や食糧の調達のために大量の不換紙幣(宝鈔)を発行したためにハイパー・インフレーションにみまわれ、紙幣にかわって銀が流通手段となった。租税の銀納化はすでに一四三〇年代にはじまっていたが、軍需品や食糧の調達のために大量の銀が北方に送られるようになり、一六世紀半ば頃から租税や徭役は銀納に一本化され(一条鞭法《いちじょうべんぽう》)、急速に銀経済への移行がすすんだ。

銀に対する需要が増加するにつれて中国国内の銀不足がいちじるしくなったが、こうした中国国内の銀流通の拡大をささえたのが日本銀とスペイン銀の流入で、中国は銀の交易を通じて世界経済に密接にリンクするようになった。日本銀の流入はすでに一五三〇年代にはじまっていたが、一六世紀後半には大量のスペイン銀が流入するようになり、対外決済だけではなく、国内の流通でも銀が広範に使用されるようになった。中国の銀流入量は、一六世紀後半期に計二一〇〇〜二三〇〇トン、一七世紀前半期には計五〇〇〇トンで、そのうち二四〇〇トンが日本銀であったと推計されている。銀経済の進展により明朝の国家財政は膨張したものの、商工業の発展による経済の活況は、山西商人や徽州《きしゅう》商人などの塩商人に巨富をもたらし、都市の繁栄がみられる一方、多くの農民は窮乏化し、経済格差が拡大した。

他方、一四〜一五世紀の前期倭寇の活動と明朝の海禁政策の実施は、東アジアの貿易構造を変化させた。一六世紀になると南シナ海から台湾・琉球を経由する貿易ルートが発展し、琉球が中継貿易地になった。後期倭寇はこのあたらしい貿易ルートにそって活動の場をうつし、南シナ海や中国沿岸部を中心に密貿易や海賊行為をおこなったが、後期倭寇の七〜八割は中国人の「偽倭」であったといわれる。

日明交易は、一五二三年に寧波《ニンポー》で細川・大内両家が衝突事件をおこしたので、明朝が対日貿易管理を強化すると、倭寇の活動やポルトガル船の来航により密貿易が拡大したが、明朝は

「北虜南倭」の危機を切り抜けると、方針を転換し、六七年に海禁政策を緩和して民間の海上貿易を許可した。これにより倭冦の活動は終焉したが、日本は例外で、明朝と日本との公式の外交関係が樹立されることはなかった。

2　清代の政治と経済

清朝の統治と対外政策

一七世紀は中国においても「危機」の時代であった。一六四四年に明朝が李自成の反乱で最終的に滅亡すると、女真(満州)族は山海関をこえて北京に進出し、清朝による統治がはじまった。清朝の政治支配が安定化するのは、呉三桂など三藩の乱(一六七三〜八一年)と台湾の平定(一六八三年)後のことになるが、一七世紀後半から一八世紀末までの約一四〇年間が清朝の最盛期で、康熙帝(在位一六六一〜一七二二年)、雍正帝(在位一七二二〜三五年)、乾隆帝(在位一七三五〜九六年)による統治がつづいた。

清朝の軍制は八旗制度とよばれ、満州八旗、漢軍八旗、蒙古八旗に編成され、そのほか各地に漢人で構成される緑営がおかれた。八旗に所属する軍民は旗人《きじん》とよばれ、土地(旗地)を支給された。しかし、一八世紀末頃までに官僚化・世襲化がすすみ、各八旗の戦闘能力は低下し、軍制の再編が必要になった。

康熙帝の時代は、フランスのブルボン朝のルイ一四世やムガル帝国のアウラングゼーブ帝、日本では五代将軍徳川綱吉の時代にあたる。康熙帝は国内の統治システムの確立に力をいれ、対外的には積極政策はとらず、北方の脅威であったロシアとはネルチンスク条約(一六八九年)をむすんで国境を画定した。乾隆帝はモンゴルなどへ数次にわたる外征をおこない、ロシアとはキャフタ条約(一七二七年)をむすんで最大の版図を実現したが、巨額の軍事費の増加で清朝の国家財政はしだいに悪化し、一八世紀末には白蓮教徒の乱や各地の秘密結社による反乱がおこり、国内政治は不安定になった。

明末清初の政治動乱期には多くの中国人が東南アジアに渡航したが、清朝は一六五六年に海禁政策を強化して民間の海上貿易を禁止した。一六六一年には台湾を拠点に密貿易を展開し、清朝に抵抗していた鄭成功の勢力拡大を阻止するために遷界令を発令し、広東・福建両省などの沿海住民を強制的に内陸部に移住させ、海岸部を無人化した。海外貿易の停止とともに銀の流入は減少し、一六三〇年代から急騰しはじめていた国内物価は低落し、デフレ不況におちいった。しかし、清朝は八三年に台湾の鄭氏を平定すると翌年に海禁政策を緩和したので、福建商人、広東商人、寧波商人を中心に東南アジアとの交易がふたたび活発になり、東南アジアへの中国人の移民も増加した。対日貿易では日本銀のブームはすでにすぎさっていたが、多くの中国船が長崎へ殺到したために、徳川幕府は八四年に貞享令をだして中国船の貿易額を制限し、八八年には「抜荷《ぬけに》」(密輸)取締のために中国人を長崎の唐人屋敷に収容し、管理貿易を強化した。

国内経済の発展

清朝は変容をかさねた明朝の経済システムを基本的に踏襲し、民間の経済活動に介入しない姿勢をとった。中国の市場秩序は、明代以降の商人相互の信用関係を基礎に形成され、山西商人や徽州商人、あるいは寧波幇《ぱん》にみられるような同郷・同族・同業の団体が組織され、強固な地縁的・血縁的ネットワークが形成されていた。

中国の人口は一七世紀末の一億五〇〇〇万人から一八〇〇年には三億一五〇〇万人へと倍増したと推定されるので、この人口増加に相応する内陸部の開発と農業生産の発展があったことが推測される。一六世紀後半にはトウモロコシ、サツマイモ、落花生などの新作物が新大陸から導入され、山間地域ややせた畑地に栽培されるようになって食糧供給力が増加した。人口増加とともに、長城をこえて内モンゴルや中国東北部、東南アジアへの移住も増加した。またゾウやトラなどの野生動物は農業開発にともなってすでに中国南西部に追いやられていたが、新作物の導入にともなう山地の開発で森林は伐採され、土壌の流失など環境破壊の結果、一八世紀末には洪水の頻発など自然災害が多発した。

銀経済の進展とともに、一八世紀初めに租税制度はさらに簡略化され、人頭税が廃止されて地税に一本化された地丁《ちてい》銀制度になった。しかし、清代の経済成長も一八世紀後半には終焉をむかえることになる。一八世紀末以降、国内政治では権力闘争にともなう粛清や腐敗、中央政府や地方官僚による恣意的な収奪などがみられるようになり、農民反乱の頻発は民間の経済成長を制約し、中国はたかい技術水準をもちながらも内発的に近代産業を発展させることができなかった。

広東貿易の開始

ヨーロッパ諸国の対中国貿易は、一七世紀末頃から広州(広東)、厦門《アモイ》、寧波《ニンポー》、上海などでおこなわれるようになり、貿易量も増加したために、清朝は広東十三行とよばれる特定商人のギルドに貿易関係の業務を一任し、「保商」に指名された商人が外国貿易にともなう納税や政府との連絡などの一切の業務をおこなった。一七五七年に清朝は、ヨーロッパ諸国との貿易を広州一港に制限して管理貿易システムを強化し、六〇年には広州の貿易商人を船籍別に外洋行(西洋)、本港行(東南アジア)、福潮行(中国国内)に組織化した。

広州での中国貿易ではイギリス東インド会社が圧倒的に優位な位置をしめ、中国茶が主要な貿易品になった。中国貿易は、貿易額の急増とともに輸出超過が拡大したために、大量の銀が国内に流入した。それとは対照的に、ヨーロッパ諸国にとって、銀や銅など鉱産物の払底でみるべき貿易品のなくなった対日貿易の魅力は稀薄になった。

3　徳川幕府の成立と対外政策

アジア域内貿易と近世日本

一六〜一七世紀の日本の貿易は、国際商品としての銀を輸出し、中国産の生糸(白糸)・絹織物や砂糖、朝鮮人参などを輸入するというアジア産品の取引が中心であった。銀は輸出品であると同時に貨幣でもあったので、輸出超過であっても輸入超過であっても、日本からは銀が流出することになった。一五四三(天文一二)年のポルトガル船の種子島漂着以降、ヨーロッパ船の来航はしだいに増加し、一六世紀末から一七世紀初めにかけて肥前の平戸や長崎、豊後府内（現在の大分）を貿易の中心地として京都や堺や博多の商人たちが大規模な取引をおこない、長崎の末次平蔵、京都の角倉《すみのくら》了以や茶屋四郎次郎など初期豪商といわれる大貿易商人が活躍した。一六〇四～三五年には三五六隻にのぼる渡航船に朱印状が発行され、推定で約一〇万人の日本人が東南アジアを中心に海外に渡航し、マニラ、ツーランやフェフォ（ともにベトナム）、アユタヤ（シャム）には南洋日本町が形成された。

日本が輸入したのは京都西陣で絹織物の生産に使用される中国産の生糸で、幕府は生糸を独占的に輸入するために糸割符商人を任命し、輸入生糸の価格と数量を統制した。貿易決済は銀でおこなわれたので、徳川時代初期の貿易は「生糸と銀の交易」といってよい。日本は世界有数の銀産出国で、一六世紀にはアジア域内で日本銀に対する需要が増加したために、石見大森銀山など日本国内の産銀量は急増し、長崎や対馬・朝鮮経由で主として中国に輸出された。一七世紀初めの日本からの銀輸出量は年一五〇～二〇〇トンと推定されるので、「鎖国」以降もふくめて長崎貿易に対馬ルートでの流出量をくわえると、一七世紀に約一万トンの銀が輸出されたことになる。

徳川幕府の成立と対外政策

徳川時代(一六〇三～一八六七年)は、「兵農分離」、「身分制」、「石高制」(生産物を米で換算)、「鎖国」の四つのキーワードで特徴づけられる。徳川幕府は一六〇三年に徳川家康が征夷大将軍に任命されたことにはじまるが、幕府は明清交替期の東アジアの国際環境の変化を「華夷変態」(一六七四年、林春斎)と称して、中国を中心とする東アジアの地域秩序に変化がおきていることを感じとっていた。

徳川時代の統治システムは幕藩体制とよばれ、その源流は一六世紀末期の戦国大名による領国支配と織田信長、豊臣秀吉による全国統一にさかのぼることができる。戦国大名は軍事力の基礎となる経済力の充実に力をいれ、なかでも検地により土地の生産力を調査し、兵農分離政策によって士工商と農をわけ、城下町(都市)と農村との分業を制度的に確立した。幕藩体制は、中央集権制と地方分権制が併存するシステムで、幕府は公儀として約二六〇藩を支配し、統一貨幣の発行(金銀銭三貨体制)、度量衡の統一、道路・港湾をはじめとするインフラ整備など経済成長のための制度設計をおこなったが、諸大名は各々に藩の行政権と年貢徴収権をもっていた。

幕府の対外政策は、中国とその朝貢国である朝鮮および琉球との関係と、ヨーロッパ諸国との関係の二面性をもっていた。前者は伝統的な朝貢システムへの対応の問題であり、後者は貿易とキリスト教布教の容認とのバランスの調整が課題であった。

アジアでもっとも重要なのは中国との関係で、明朝、清朝ともに対日外交関係の確立には消極的であったものの、民間の中国船が平戸に来航し、台湾などで出会貿易がおこなわれた。日本は秀吉の時代に文禄の役(一五九二年)と慶長の役(一五九七年)の二度にわたり朝鮮に武力進出していたので、李氏朝鮮との国交回復も重要な課題であった。幕府は対馬の宗氏を介して朝鮮との国交の回復につとめ、朝鮮通信使が来日した。通信使は一六〇七年以降一八一一(文化八)年までに計一二回来日しているが、一七世紀には通信使の来日は七回をかぞえた。通信使関係の多額の経費は幕府や諸藩が負担したが、通信使は瀬戸内海を経由して大坂から陸路東海道を江戸にむかい、成立後間もない幕府の権威を内外にアピールする効果をはたした。

琉球王国との関係も重要であった。一六〇九年に薩摩藩は琉球を武力で服属させて実質的に政権を掌握し、琉球は薩摩藩を通じて幕藩体制に組みこまれた。しかし、徳川幕府は、中国と正式の外交関係を確立できなかったので、琉球の中国への朝貢を承認する一方、日本にも服属させる両属体制をみとめ、琉球を通じて中国との間接的関係を維持しようとした。こうして日本は、対馬の宗氏を介した朝鮮交易と薩摩藩による琉球交易を通して、東アジアの朝貢システムに関与することになったのである。

貿易政策と「鎖国」政策

ヨーロッパ諸国との関係で重要な要素は、「貿易」と「キリスト教」であった。オランダとイギリスは各々一六〇九年と一三年に平戸に商館を開設し、ヨーロッパ諸国は明朝の海禁政策により公的な貿易関係のない日中貿易に代替して対日貿易に参入した。日本で積極的な布教活動をおこなったのはポルトガルとスペインのカトリック国で、両国の宣教師による布教活動は、イエズス会の布教活動にみられるように、オランダやイギリスと異なり、信者の拡大と領土の拡張が一体として考えられていたので、幕府はしだいに警戒感をつよめるようになった。

家康は貿易に対して積極的で、キリスト教の布教によるマイナスよりも貿易によるプラスの効果の方が大きいとみなしていたが、成立間もない徳川政権にとって信者の拡大が危険視されるようになるにつれて、政策は徐々に転換した。一六〇四年以降海外に渡航する大名や商人には朱印状が交付され、貿易は幕府の管理統制下におかれるようになり(朱印船貿易)、一二年には幕領におけるキリスト教が禁止された。さらに一六年に家康が死去すると、ヨーロッパ船の入港が平戸と長崎二港に制限されるなど貿易の統制とキリスト教の禁制が強化され、二四年にはスペイン船の来航も禁止された。一六三〇年代になると、日本人の海外渡航や在外日本人の帰国禁止など一連の貿易統制が強化されたが、幕府のキリスト教に対する恐怖感にとって決定的な事件となったのは三七年の島原の乱で、これを機に幕府は、三九年にポルトガル船の来航を禁止し、四一年には平戸のオランダ商館を長崎出島にうつして幕府による貿易管理体制が完成した。いわゆる「鎖国」*である。

こうした徳川幕府による「鎖国」政策は、キリスト教の布教拡大に対する受動的な対応策というよりも、幕府の積極的な対外政策の一環であった。徳川幕府にとって東アジアの地域秩序であった朝貢システムに対して、政権の正統性を主張することは対外的にも重要な課題で、徳川幕府は、朝貢システムに対抗して、朝鮮と琉球をふくむミクロコスモスとしての「日本型華夷秩序」を形成することで外交自主権を主張した。つまり、徳川幕府は、東アジアの国際環境の変化のなかで、国家形成をすすめるとともに、「鎖国」による外交主権の確立を重要視する政策をとったのである。

＊「鎖国」という語彙は、一九世紀初めに長崎のオランダ通詞志筑《しづき》忠雄がケンペルの『日本誌』を翻訳した際の造語である。当時、ロシア船やイギリス船が日本近海に頻繁に来航したので、幕府は「鎖国」を徳川政権の祖法と位置づけ、諸外国と貿易関係や外交関係をもたないことを正当化した。

「鎖国」下の貿易──「四つの口」

一六四一年の「鎖国」以降、日本はなかば「引きこもり」状態に移行したものの、けっして国を閉ざしたわけではなかった。徳川幕府は、日本人の海外渡航や入国は禁止したが、長崎出島での中国およびオランダの二国との貿易はみとめ、幕府の管理下にオランダとは国家レベルで、中国とは民間レベルでの貿易がおこなわれた。

長崎のほかに、対馬藩を介した日朝交易(対馬・朝鮮ルート)、薩摩藩による琉球交易(薩摩・琉球ルート)、松前藩を通じた北方交易(松前ルート、一七〜一八世紀はアイヌ、一九世紀はロシアとの交易)があった。これらは幕府公認の対外交易ルートで、総称して「四つの口」とよばれる。このように幕府は「鎖国」下においても「四つの口」を通じて継続して海外との交易をおこない、また海外の情報を入手した。

日本にとって一定の輸入品の確保は不可欠であったので、幕府は長崎での輸入貿易が国内物価に影響しないように、たびたび貿易方法を変更して調整をはかった。日本銀は「鎖国」以降も長崎や朝鮮ルートを通じて継続して輸出されたが、銀がしだいに払底したため、一六六〇年代には銀輸出は禁止された。日本から輸出された金銀銅などの貴金属の大部分は、中国やインドなどアジアで通貨として域内交易の決済に使用され、また日本銅は遠くアムステルダムで高値で取引された。しかし、一八世紀半ば以降、日本は市場としての国際的魅力を失い、他方で輸入品の国産化がすすむにつれて、一九世紀初めまでに日本は独自の物価体系をもつ閉鎖経済システムになった。

4　徳川日本の経済成長

財政膨張と「三大改革」

徳川時代には、財政膨張による経済成長にともなう幕府財政の悪化と農村に基礎をおく財政再建政策がくりかえされた。こうした財政再建は通常「三大改革」とよばれ、肯定的な評価があたえられているが、これらの「改革」はその前の経済規模の拡大の時期とセットで理解されるべきものである。

一七世紀後半に徳川政権が政治的安定期をむかえると、政策の重心は政治から経済に移行した。しかし、都市経済の発展につれて、幕府や藩の財政支出は膨張し、しだいに財政悪化に直面するようになった。転換期となったのは五代将軍徳川綱吉の元禄期である。この期には、大坂を中心に新興の都市商人が勃興して商業経済が発展し、「元禄バブル」といわれる好況の時代をむかえたが、同時に綱吉による寺社造営などのために財政支出が増加し、幕府財政の赤字が表面化した。こうした幕府財政の再建をはかったのが、八代将軍吉宗の享保改革(一七一六〜四五年)である。吉宗は、年貢増徴と新田開発によって歳入の増加をはかるとともに、土地の移動や株仲間の結成を公認し、物価の統制など経済状況におうじた経済政策をとって幕府財政を一度は安定化させたが、一八世紀後半になると年貢増徴も限界に達し、農民の離農が増加した。

こうした幕府の財政政策に大きな転換をもたらしたのが、一八世紀後半に一〇代将軍家治のもとで実権をにぎった田沼意次である。田沼時代は政治腐敗の時代といわれるが、田沼はそれまでの農民からの直接税である年貢に依存した徴税システムにあらたに商工業者を組みこみ、間接税である運上・冥加や御用金など年貢以外の収入を恒常化して幕府財政の強化をはかった。しかし、田沼時代の積極財政政策にともなって経済規模は拡大し、幕府や藩の財政はふたたび悪化した。幕府財政の悪化と全国的な都市での打ちこわしの頻発など社会不安の増大や農村の荒廃に直面して、松平定信は寛政改革(一七八七〜九三年)で農村再興によって幕府財政の再建をはかろうとしたが、こうした経済政策自体すでに時代遅れのものになっていた。

一九世紀初めの文化・文政期には一一代将軍家斉のもとでふたたび財政が膨張して幕府財政は悪化し、さらに貨幣改鋳による通貨膨張で、一八二〇年以降インフレがはげしくなった。こうしたなか中国ではアヘン戦争がおき、対外的な危機にも直面した水野忠邦は天保改革（一八四一～四三年）で幕藩体制の再建をはかろうとしたが失敗におわり、幕府にもはや統治能力がないことが一般的にもあきらかになった。

農業と非農業部門の発展

徳川社会は農業をリーディング・セクターとする経済である。推定人口は、一七世紀初めの一七〇〇万人から一八世紀には三〇〇〇万人に増加した。農業生産高（実収石高推計）も一六〇〇年の二〇〇〇万石から一七〇〇年の三一〇〇万石、一八〇〇年には三八〇〇万石に増加した。一八世紀初めまでは幕府や諸藩による新田開発で耕地面積も増加し、一八世紀半ばまでの農業発展は開墾と人口増加による「外延的拡大」の時代、一八世紀半ば以降は耕地面積がほぼ一定であったので、土地生産性の上昇による「内包的成長」の時代と特徴づけられる。一八世紀には、年貢徴収方法が収穫高を基準に年貢高がきまる検見法から年貢高が一定の定免法へ変更されたことが大きなインセンティブとなって、農民の所得水準や生活水準の上昇がみられ、核家族化がすすんで家族労働を主体とする小農自立が可能になった。速水融は、これを「経済社会」の成立とよんでいる。

一八世紀には、米の商品化とともに、畿内、尾張三河、瀬戸内沿岸など経済的先進地域では棉花、菜種、タバコ、野菜など市場向けの商品作物を生産する商業的農業が発展し、織物業、製糸業、醤油・味噌・酒などの醸造業をはじめとする農村工業の発展がみられた。貿易統制の強化で輸入が減少した生糸の国産化もすすみ、奥州(福島)、上州(群馬)、信濃(長野)などが製糸業地として発展した。こうした農業や商業的農業の発展と非農業部門の発展にともなう農村の変化や、都市経済の発展、地域的分業の進展はしだいに幕藩体制の基礎をほりくずしていった。

徳川時代には、生産セクターよりも商業セクターでいちじるしい成長がみられ、堂島米市場の先物取引や為替手形の広範な利用など信用取引の増加によって経済規模は拡大した。しかし、都市商人は大名貸などを通して幕府や藩に特権化・寄生化する傾向がつよく、かれらの経済活動にとって幕藩体制の維持と安定化は重要な前提条件であったので、政治体制の変革や産業投資には消極的であった。それとは対照的に一八世紀後半から登場する在郷商人などの新興商人は、積極的かつ冒険的な産業投資をするための十分な資本を形成するにはいたらなかった。

　このように都市商人、新興商人とともに限界があったために、徳川経済は内発的に近代的な経済システムをうみだす起動力には欠けていたが、幕府の制限政策がなく外国貿易が継続しておこなわれていたとすれば、日本は貴金属の払底した後も経済的に魅力ある国際商品と市場を提供することができ、早期の産業化という別のシナリオの可能性があったかもしれない。徳川時代には閉鎖経済システムがつよくなるなかで、日本型の金融・流通システムが形成されると同時に、ひとたび外的刺激があたえられれば国際市場に対応していけるだけの十分な経済的・技術的な基盤が形成されていた。近代日本の経済成長は、こうした徳川時代の漸進的な経済成長の延長線上にはじめて可能になったのである。

第三章　インドの植民地化とイギリス

1　ムガル帝国期のインド経済

ムガル帝国の統治

この時期のインドを統治していたのは、ムガル帝国であった。ムガル帝国は一五二六年にバーブル帝により創設されたイスラーム王朝で、アクバル帝（在位一五五六～一六〇五年）のもとで各地の貴族の反乱を鎮圧し、一五七〇～八〇年代に中央集権的な帝国統治の体制が確立した。帝国の統治の中核をになったのは臣下の軍事官僚層で、かれらは皇帝と帝国に対する忠誠と貢献の対価として皇帝から禄位《マンサブ》と賜与地《ジャーギール》を授与された。皇帝は禄位と賜与地について専制的な権力を行使し、禄位は原則として一代かぎり、賜与地は二～三年の短期で所替えがおこなわれたので、所領での地租の徴収は規定以上の収奪になる傾向がつよかった。

ムガル帝国はこうした直轄地にくわえて、相対立する地方の小王国のバランス・オブ・パワーのうえに成立していた。インド北部の直轄地《ハーリサ》の各州には皇帝が任命する軍事と財務担当の二人の州総督がおかれたが、徴税はザブティー制とよばれる定免制が主流で、過去一〇年間の作物の平均収穫高と平均価格にもとづいて地租が算定された。地税は一般的には銀納で、在地の豪族や地主などの協力なしに地方行政をおこなうことはむずかしかった。

ムガル帝国が最大の版図を誇ったのは、第六代のアウラングゼーブ帝(在位一六五八〜一七〇七年)の統治期であった。この時代は同時に帝国の支配体制が動揺しはじめ、解体の方向にふみだした時期でもあった。厳格なイスラーム教徒であったアウラングゼーブ帝は徹底的なイスラーム化政策を推進したために、インド北部ではラージプートなど非イスラーム教徒による反乱が頻発し、デカン高原ではマラーター同盟、パンジャーブ地方ではスィク教徒などの反乱がおきた。アウラングゼーブ帝は北インドのベンガルやアワドから中央部のマラーター、中南部のハイダラーバード、カーナティック、マイソールなどの地方王朝をあいついで支配下におさめたものの、外征に多額の経費をついやしたために軍事費の増加とともに財政は膨張し、帝国の財政は悪化した。

ムガル時代のインド経済

アクバル帝以降政治の安定化とともに商工業の発達と商業的農業の発展がみられ、各地に市場が形成されて活発な取引がおこなわれ、ダイナミックな経済発展がみられた。グジャラート、コロマンデル、ベンガル産の綿織物や生糸などの織物製品は技術水準もたかく、すでにアジア域内交易における主要な貿易品になっていた。地税の銀納など銀の流通もひろくみられ、さらに一六世紀以降ポルトガルをはじめとするヨーロッパ諸国がインド洋交易に参入すると、市場の拡大とともに大量の銀がもたらされたので、商工業は活性化し、一八世紀前半まで経済の拡大がつづいた。とくにベンガルは経済的に豊かな地域で、米や小麦などの穀物や砂糖などの商品作物が生産され、一八世紀には商業的農業が発展した。農村や都市ではハット、バザール、ガンジとよばれる定期市や常設の地域市場が発達し、穀物などの農産物の取引がさかんにおこなわれた。

インド域内の内陸交易ではイスラーム商人、ヒンドゥー商人、アルメニア商人が活躍したほか、アジア域内の海上交易ではイスラーム商人が大きな役割をはたした。帝国内では流通・金融ネットワークが形成されて活発な商取引がおこなわれ、支払や送金にはフンディとよばれる為替手形や約束手形が利用された。インド北部ではマールワーリー商人のジャガード・セートのように、ベンガル太守《ナワーブ》の財政に関与する一大金融業者もみられた。のちにイギリスの植民地下でインド経済の再編と輸出貿易を中心とする経済成長がみられたのは、一八世紀に発展したこうした地方都市のネットワークがすでに存在していたからだといわれている。

2　イギリス東インド会社の設立

イギリス東インド会社の設立と再編

イギリスの中心的な産業は毛織物業で、毛織物は国内市場だけではなく、主に北欧向けに輸出されていたが、一六世紀半ば頃になると北欧市場も限界に達し、輸出は不振となった。そこであらたに地中海地域やアジアでの毛織物の新市場の開拓のために、一五八一年にレヴァント会社が設立されたものの、経営的には成功しなかった。

こうしたなかテューダー朝最後のエリザベス一世末期の一六〇〇年に、主にロンドン商人が出資し、勅許会社として設立されたのがロンドン東インド会社であった。このイギリス東インド会社と総称される会社の設立は、オランダ東インド会社より二年はやかったが、資本金の規模はオランダ東インド会社の約一〇分の一にすぎなかった。貿易は航海ごとに合同出資の形態をとり、一航海あるいは数航海がおわるたびに出資金の払戻しと利潤の配分がおこなわれた。

イギリス東インド会社も重商主義政策の一環として設立されたもので、喜望峰からマゼラン海峡にいたるひろい地域で国家の代行機関として貿易独占権、司法権、軍事権を行使した。しかし、イギリス東インド会社の会社組織としての体制が確立したのは、一七世紀半ばのピューリタン革命下でクロムウェルにより改組されて以降のことであったが、一六八八年の名誉革命でステュアート朝が終焉すると会社の経営は混乱・分裂状態におちいり、一七〇二年にあらたにアジア貿易の統一組織として「合同東インド会社」が成立した。

初期のイギリス東インド会社

イギリス東インド会社のインドにおける商業活動は、一七世紀初めにムガル帝国からインド西岸のスーラトでの貿易許可を得て商館を開設したことにはじまる。初期のイギリス東インド会社は、コショウなど香辛料の買付と毛織物の販売を模索したが、多種多様な織物が広範に取引されているアジアでは毛織物の販売はのびず、経営は不振であった。そうしたなかで、一六二三年のアンボイナ事件を機にオランダが東南アジアにおける制海権を掌握すると、イギリス東インド会社は東南アジアからの撤退を余儀なくされ、インド経営に転換した。東南アジアからの撤退にともない、イギリスは一六一三年に開設した平戸商館を閉鎖し、対日貿易からも撤退せざるをえなかった。

ムガル帝国の統治下のインドでは多くの地方王国が分立しており、各々の王国が輸出品に高関税をかけたので、イギリス東インド会社は商品の仕入や自由通関権の獲得のための交渉に力をそそぎ、一六四〇年以降貿易拠点としてマドラス(チェンナイ)、ボンベイ(ムンバイ)、カルカッタ(コルカタ)にあいついで商館《ファクトリ》を設置し、一七世紀後半にはマドラス、ボンベイ、ベンガル三管区の行政機構も整備された。商館は商品や財貨の保管場所でもあったので要塞化され、治安も安全な商館の周囲には現地の人たちがしだいに移住・定着するようになり、市場が形成され、植民地都市に成長した。一七四四年の人口は、マドラス三〇万人、ボンベイ七万人、カルカッタ一〇万人であったという。

イギリス東インド会社が取り扱ったのは、グジャラートやコロマンデル海岸の綿布、ベンガルの綿布や生糸のほか、インディゴ(藍)や硝石などで、地域の経済事情や言語に通じた特定のインド商人から請負契約で購入するようになった。一七世紀後半期になると、イギリスでキャリコやモスリンなどの上質で安価なインド産綿布の需要が急速に拡大したために、イギリス東インド会社の商業活動は、しだいにインド産綿布や絹織物の原料である生糸の買付にシフトした。しかし、イギリスからインドへの輸出品はほとんどなかったので、支払は金銀地金でおこなわれた。金銀地金はインド向け輸出額の七〇～八〇％をしめ、イギリスからの貴金属の流出が大きな問題になった。

3　ムガル帝国の衰退と植民地化の進展

カーナティック戦争

一七〇七年にアウラングゼーブ帝が死去すると、ムガル帝国の求心力は急速に失われ、各地の臣下や小王国など有力な地方勢力が帝国支配から離反して分権化の傾向をつよめ、「地方の時代」をむかえた。ムガル帝国内の地方政権相互の政治的対立がはげしくなるなかで、オーストリア継承戦争（一七四〇～四八年）や七年戦争（一七五六～六三年）などヨーロッパの政治状況を反映して、英仏間の抗争が顕著になった。インドの商業覇権をめぐる英仏抗争は、フランスがルイ一四世（在位一六四三～一七一五年）の財務長官コルベールのもとで、一六六四年にフランス東インド会社を再建し、南インドのポンディシェリーやベンガル地方のシャンデルナゴルを拠点にイギリスに対抗するようになるにつれて、しだいにはげしくなっていた。

こうしてイギリス東インド会社が、フランスとの抗争を背景にインド内部の地方政権の対立に引きずりこまれ、「貿易商」から「統治者」に転換していく契機になったのが、南インドのカーナティック戦争と、ベンガルのプラッシーの戦いおよびバクサールの戦いであった。

カーナティック戦争（一七四四～四八、五〇～五四、五八～六三年）は、オーストリア継承戦争にともなう英仏間の戦闘を発端としてはじまったが、多数のインド人傭兵からなるヨーロッパ式軍隊の優秀性が証明され、第二次カーナティック戦争以降、太守や王位の後継問題をめぐって相対立する地方勢力が各々に英仏の支援をうけて抗争したために政治状況は複雑化し、三次にわたる戦争ののち、一七六三年のパリ条約でフランスに対するイギリスの優位が確立した。

ベンガルの植民地化

イギリスによるインドの植民地化が典型的にみられたのは、ベンガル地方であった。イギリスのベンガル進出は一六三三年からはじまり、九八年にイギリス東インド会社は、カルカッタ周辺村落のザミーンダーリー（領主権・地税請負権）を購入したものの、領土支配の意図はなく、貿易による利益が目的であった。しかし、一七五六年にベンガル太守アリー・ヴァルディー・ハーンが死去すると、太守の後継者をめぐって地域内の政治的対立がたかまり、翌五七年にはプラッシーの戦いがおきた。プラッシーの戦いは、通常いわれているような英仏間の直接戦争からはほど遠く、フランスの支援をうけたベンガル太守シーラジュッ・ダウラとロバート・クライブ率いるイギリス東インド会社軍とが衝突した事件で、戦闘に先立ってイギリスと太守の叔父ミール・ジャーファルとのあいだで密約がかわされ、ミール・ジャーファルは太守の地位とひきかえに、イギリス東インド会社にカルカッタ周辺二四郡のザミーンダーリーを供与する言質をあたえていた。

イギリス東インド会社はプラッシーの戦いでベンガルの政治的実権を獲得したものの、ムガル帝国側との紛争はつづき、最終的には六四年のバクサールの戦いで政治的決着をみた。一七六五年にイギリス東インド会社は、第一五代ムガル皇帝シャー・アーラム二世(在位一七五九〜一八〇六年)からベンガル、ビハール、オリッサ三州の「ディーワーニー」(徴税権など財務関係すべての権限)を獲得し、ベンガルはベンガル太守が名目的に統治する間接統治の形態をとったが、七二年にウォレン・ヘースティングスがベンガル管区知事に任命されて直接統治に移行した。イギリス東インド会社は、もはやたんなる貿易会社ではなく、領土を所有し、軍事力をもち、徴税と司法・行政の統治機能をかねそなえたムガル帝国内の一独立王国になったのである。

ベンガル財政と本国費

ベンガルにおけるイギリス東インド会社の財政収入の中心は、農民から徴収する地税であった。イギリス東インド会社は、「本国費《ホームチャージ》」として、職員の給与や年金など会社関係の諸経費、統治のための行政関係費、国庫納付金、債券の元利払や株主への配当金、軍事費などインド関係の経費を負担しなければならなかった。

イギリス東インド会社にとって大きな問題は、インドでの収益をどのような方法で本国に送金するかであった。一七世紀になるとイギリス東インド会社の貿易品は、初期の毛織物の販売からインド産綿布や生糸の買付にシフトし、綿布が五八%、生糸が三五%をしめるようになった。イギリス東インド会社は、インドでの綿布や生糸の買付資金をベンガル財政の一支出項目として計上し、これらの輸出品のイギリスでの販売代金を「本国費」の一部にあてたので、インドからの輸出の増加とともに、イギリスからインドへの銀の流出は急減した。このようにしてイギリスは、植民地支配の経費をインドの税収から捻出したのである。

この問題は、一九世紀後半にインドのナショナリズム運動が高揚すると、ダーダーバーイ・ナオロージー（一八二五～一九一七年）やロメーシュ・ダット（一八四八～一九〇九年）などによってイギリスによるインドの収奪として「国富流出論《ドレイン・セオリー》」が強調され、反英運動の大きな理論的な論拠となった。イギリス人の研究者が国富流出論に否定的であるのに対して、インド人の研究者は国富流出論を強調する傾向がつよいが、植民地支配のもとで本国費がイギリス向けの商品買付資金として構造的にベンガルの現地財政に組みこまれていたことを考えると、鉄道や灌漑などのインフラ整備や資本投資がプラスの効果をもたらしたとしても、否定されるものではない。

地域におうじた徴税システム

貿易会社から統治機関にシフトしたイギリス東インド会社にとって重要な課題となったのは、軍事費の増加に相応する財政基盤の確立と財政の安定化であった。イギリスは、当初統一的で効率的な徴税システムを確立しようとしたが、ムガル帝国内は農業構造や社会構造など地域的相違も大きく、統一的な徴税システムの導入はむずかしかったので、各地域の多様な状況におうじて異なった徴税システムを導入しなければならなかった。

ベンガルでは、地方の豪族や大地主などザミーンダールとよばれる在地領主層の力がつよく、地域の治安維持や徴税請負など地方行政において大きな役割をになっていたので、イギリス東インド会社はザミーンダールを地税請負人に任命し、かれらを通じて税金を徴収する従来通りのシステムを継続しなければならなかった。これは「ザミーンダーリー制」とよばれる。ザミーンダールはしだいに商人や高利貸などが多くなったが、一七九三年に地税額は固定され（永代ザミーンダーリー制）、ザミーンダールは土地所有者としてしだいに寄生地主化していった。

南インドのマドラス管区と西インドのボンベイ管区では、ベンガルのように在地領主層がほとんどみられず、耕作農民《ライーヤト》の独立性がつよい地域であったので、イギリス東インド会社は個々の耕作農民を土地所有者としてみとめ、農民との直接交渉により地税を徴収した（三〇年ごとに改訂）。このシステムは「ライーヤトワーリー制」とよばれる。北西部・中央部の諸州やパンジャーブ地方では、日本の徳川時代に類似した村請制を基本とする「マハールワーリー制」や「マウザワーリー制」がとられた。

このようにイギリス東インド会社は、インドの伝統的社会におうじた形態で植民地支配をしなければならなかった。ベンガルにおけるイギリス東インド会社の穀物取引への介入が商人層の組織的抵抗で失敗におわり、また塩の独占体制の確立をこころみたものの、地域商人の強靱な流通ネットワークに直面して政策転換を余儀なくされた事例にみられるように、イギリス東インド会社による支配は経済面でも大きな限界があった。こうしてインドは伝統的社会構造や制度を維持したまま、植民地社会へ変容していくことになった。

4　統治政策の転換と植民地支配の拡大

東インド会社問題

一七世紀後半から一八世紀前半にかけてイギリス東インド会社の経営は安定化し、一時的な危機はあったものの配当金は七〜八％を維持していたが、一八世紀後半になってイギリス東インド会社が「貿易」と「統治」というふたつの顔をもつようになると、状況は大きく変化した。ディーワーニーの獲得後、イギリス東インド会社株は急騰し、また短期間のうちに巨額の財産をきずいてイギリスに帰国するインド帰りの新興成金《ネイボッブ》が人々を驚嘆させた。しかし、イギリス東インド会社自体は、領土支配の拡大にともなう行政費と軍事費の増加で巨額の財政赤字におちいっており、イギリス政府への納入金の支払にも窮する状況であった。こうした状況下で、社員が個人ベースで取引をおこなう私貿易の増加や賄賂の横行がみられるようになり、イギリス東インド会社の経営混乱と腐敗、いわゆる「東インド会社問題」が表面化した。プラッシーの英雄としてインドで資産を蓄積したクライヴも、こうしたスキャンダルのなかで攻撃の対象となり、自殺に追いこまれた。

イギリス東インド会社の財政悪化は、イギリス本国の財政負担の増加を意味した。こうして一八世紀後半になるとインドの統治政策を転換し、イギリス東インド会社の組織改革とイギリス本国による会社の監督権の強化の必要性が主張されるようになった。まず一七七三年の「ノースの規制法」で、ベンガル管区知事がベンガル総督としてベンガル、マドラス、ボンベイ三管区を統括することになり、また会社職員個人の商業活動が禁止された。さらに八四年にはトマス・ピット(小)のインド法でイギリス東インド会社は本国政府の監督下におかれ、従来の二重統治が解消された。

イギリス帝国の拡大にともなって植民地統治におけるイギリス本国法と植民地法制との整合性は重要な問題で、インドにおいても現地の既存の法体系とイギリス法との整合性をはかる必要があった。しかし、ヨーロッパ的近代法の導入により旧来の制度や慣習が代替されたわけではなく、法的な整備や追加・修正がくりかえされたために、インド統治法はきわめて複雑なものになった。イギリス東インド会社は一企業体から政府の統治機関に転換し、行政機構も整備されたが、一七九三年以降二〇年ごとの特許状の更新のたびに、この「東インド会社問題」が集中的に審議されることになった。

植民地支配の拡大

イギリス本国は、インドの政治的安定と商業活動による収益の増大をめざし、戦争に対しては消極的で計画的侵略性はなかったといえる。しかし、一八世紀後半から一九世紀前半にかけてムガル帝国内の秩序が解体するなかで、商業権益の確保のためには地域の政治的安定化が不可欠の条件であったので、政治的に不安定な地域では予防措置として積極的に武力介入するようになり、とくに一八世紀末になると近隣諸地域に計画的に侵入・併合するなど領土支配の拡大が目的化した。こうした典型的な戦争が、南インドのマイソール戦争(一七六七〜六九、八〇〜八四、九〇〜九二、九九年)やインド中央部のマラーター戦争(一七七五〜八二、一八〇三〜〇五、一七〜一八年)で、ハイダラーバードもふくめて中南部の王国はイギリスと軍事保護条約をむすぶことを余儀なくされ、イギリスの保護国(藩王国)となった。

一九世紀にはいるとイギリスは、北インドではグルカ戦争(一八一四〜一六年)でネパールを保護国化し、さらにビルマ戦争(一八二四〜二六、五二〜五三、八五〜八六年)、アフガン戦争(一八三九〜四二年)で領土を拡大し、最終的にスィク戦争(一八四五〜四六、四八〜四九年)でパンジャーブ地方を併合し、全インドを植民地化した。しかし、このようなインドの植民地化が本国の意図ではなかったとしても、結果的にイギリス本国やイギリス東インド会社への財政負担を増加させることになった。イギリス本国政府がインド統治に介入してくるようになると、貿易活動においても統治にかんしても十分に機能していないイギリス東インド会社に対する批判はしだいにつよくなり、会社の存在自体が問われるようになった。

イギリス東インド会社の終焉

イギリス東インド会社の経営は、インドの植民地統治への関与の増大とともに悪化したが、決定的な打撃をあたえたのは、次章でふれるように、イギリス綿工業の発展と自由貿易論の台頭によるイギリス東インド会社への批判であった。

インドの綿織物は安い労賃で労働集約的に生産されたので競争力があったが、イギリスの産業革命で機械によって低価格の綿織物が大量に生産されるようになると、イギリス製の綿糸や綿布がインドに輸出されるようになり、ほぼ一八二〇年頃を境にイギリスとインドの綿織物の貿易構造は逆転し、インドからイギリスへは綿布ではなく、棉花が輸出されるようになった。しかし、こうした英印貿易の転換は、従来インド綿布の買付を主要な活動としてきたイギリス東インド会社の商業活動に大きな影響をおよぼし、会社の経営難に拍車をかけた。

イギリス製の綿糸・綿織物の輸入増加は、インドの綿織物業にも影響をあたえることになった。マルクスは「木綿織工の骨は、インドの野をまっ白にしている」(『資本論』第一巻)と誇張して表現しているが、実際にそのようなことはおこらなかった。インドの在来綿織物業は農村地域における粗布生産を中心にイギリス製品に対抗して存続した。しかし、イギリスのインド統治にとって、「本国費」支払のためにインドが継続して対外的に輸出超過でありつづけることはきわめて重要な条件であった。

5　アジア三角貿易と地方貿易

地方貿易商人の登場

一八世紀後半になると、アジア・ヨーロッパ間の貿易では綿布にくわえて、中国茶に対する需要がたかまり、従来主としてアジア商人がになっていた「地方貿易《カントリー・トレード》」とよばれるアジア諸港間の貿易、なかでもインド・中国間の貿易にヨーロッパ商人が参入するようになった。

一七五七年に広東が外国貿易に公式に開港されると、インドで活動していたイギリスの貿易商はイギリス東インド会社から貿易ライセンスを得て、中国貿易に参加し、重要な役割をはたすようになった。こうした「地方貿易商人」の代表的商社がジャーディン・マセソン商会やデント商会などで、かれらはしだいにイギリス東インド会社による貿易の独占に対する批判をつよめていった。

イギリス東インド会社はイギリスの対中国貿易を独占し、中国との貿易は会社貿易の約三〇%をしめ、その中心は中国茶の輸出であった。イギリス議会は、経営的に苦境におちいっていたイギリス東インド会社を救済するために、一七七三年の茶法でアメリカ植民地に無税で輸出し、茶を販売する特権をあたえた。それまで茶を密輸入していたフィラデルフィアやボストンなどの茶貿易商人はこれに反対し、同年末にボストンの急進派市民が停泊中のイギリス東インド会社船を襲撃し、茶を海に投棄するというボストン茶会事件がおこり、アメリカ独立運動の一因になった。

中国茶貿易の拡大と買付資金の不足

イギリス・中国間の貿易は中国の一方的な輸出超過であったので、貿易決済のために大量の銀がイギリスから中国へ流出したが、イギリスはアメリカ独立戦争で政治的に孤立し、また新大陸からの銀の供給もむずかしかったために、中国茶の買付資金の調達が最大の課題であった。逆に、地方貿易で資産を形成した地方貿易商人は、イギリス東インド会社が貿易独占権をにぎっているために、売上銀をイギリスへ送金することができなかった。

こうした双方の課題を一挙に解決する方法として、イギリス東インド会社は、アジア地域における貿易独占権という特権を利用して、広東で地方貿易商人の売上銀に対してインド宛（最終的にはロンドン宛）の為替手形を発行した。こうしてイギリス東インド会社は、イギリス本国からの銀輸送にたよることなく、地方貿易商人から入手した銀で中国茶の買付が可能になり、また地方貿易商人は為替手形によってイギリス本国への送金が可能になった。さらに一八世紀末になると、アメリカ東海岸の商人が中国貿易に参入し、アメリカ南部のイギリス向け棉花輸出にともなうロンドン宛の為替手形、いわゆる「アメリカ手形」を中国茶の購入にあてたので、地方貿易商人はこのアメリカ手形を購入し、イギリスへの送金に利用した。したがって、現銀が中国から流出したというよりも、市場規模の拡大とともに銀は流通にとどまり、最終的な貿易決済の差額が銀で支払われたと考える方が妥当である。

アヘン貿易と自由貿易論の台頭

中国茶の輸入がつづくかぎりイギリスの対中国貿易は輸入超過で、銀の流出にはかわりがなかった。こうしたイギリス・中国間の貿易の不均衡を是正するうえで重要な役割をはたしたのが、インドから中国へのアヘンの輸出であった。このイギリス・インド・中国三国間の貿易決済の関係は、「アジア三角貿易」とよばれている。従来インドから中国へは棉花や貴金属が輸出されていたが、一八世紀後半になるとアヘンの輸出が増加した。清朝政府は一八世紀初めからアヘンの密売を禁止していたので、アヘン取引は密貿易であったが、中国へのアヘンの輸入量は一八〇〇年の四五七〇箱（一箱は約六〇キログラム）から三〇年の二万箱、三八年には四万箱へと急増した。一八二五年を例にとると、イギリス・中国間の貿易は、中国茶のイギリス向け輸出額が約三〇〇万ポンドで中国側の輸出超過であったのに対して、インドと中国間の貿易はインドから中国へ棉花約一〇〇万ポンドとアヘン約一二〇万ポンドが輸出され、イギリスの輸入超過額を実質三分の一に減少させていた。

イギリス東インド会社は、国策会社としてアヘンの密輸に積極的にかかわることはできなかったものの、会社はインドでアヘンの生産を奨励した。ベンガル・アヘンやパトナ・アヘンは地方貿易商人の手を経て、快速帆船で広州の珠江河口のアヘン貯蔵船（躉船《とんせん》）に輸送され、ここで密貿易がおこなわれた。

アヘンは当時イギリスでも鎮痛剤としてひろく使用されていたが、一九世紀になるとイギリス国内でもアヘンの薬物使用に対して人道的見地から社会的批判がつよくなり、また財政赤字で非能率的なイギリス東インド会社の経営に対する批判もイギリスの国内外でつよくなった。

イギリス東アジア会社批判の急先鋒は、イギリス国内の産業資本家といわれる綿工業など輸出産業の製造業者と、ジャーディン・マセソン商会などの地方貿易商人で、かれらは国家保護をうけたイギリス東インド会社による貿易の独占が自由な経済活動を制約すると主張して、自由貿易論を展開した。こうしてイギリス東インド会社は、一八一三年に中国茶以外の貿易独占権を失い、三三年には商業活動そのものが停止され、貿易会社としての存在価値を完全に喪失し、アジア貿易は自由貿易を主張する地方貿易商人の手にうつった。

インドでもイギリス支配に対する反発はつよくなり、一八五七〜五八年のシパーヒー(インド人傭兵)の「大反乱」でピークに達した。薬砲問題に端を発した「大反乱」は老年のムガル皇帝を擁立し、旧支配層や都市民・農民もまきこむ反英運動に拡大したが、統一性のない復古主義的運動の限界をこえることができず、イギリス軍によって鎮圧された。これを機に、五八年にインド統治改善法が施行され、インドはヴィクトリア女王による直接統治へ移行し、ここにムガル帝国は滅亡した。

第II部　ヨーロッパの時代

——「長期の一九世紀」

第四章　「産業革命」から「パクス・ブリタニカ」へ

1　イギリス産業革命

グローバル・ヒストリーのなかの産業革命

「産業革命」は、一七六〇年頃から一八三〇年頃にかけてヨーロッパ北西部のイギリスでおきた一連の技術革新のことで、この語彙は、三一歳で早逝したイギリスの経済学者アーノルド・トインビー(歴史家A・J・トインビーの叔父)が一八八四年に使用してから学術用語として定着するようになった。しかし、産業革命によって新産業が創成されたわけではなく、製鉄業や綿工業など既存の産業における継続的な技術革新が蒸気機関の発明・改良とむすびついて生産が効率化され、機械制大工業による量産化と低価格化が可能になった。産業革命は、イギリス国内だけにとどまらず、一八世紀末から一九世紀前半にかけてヨーロッパやアメリカへ急速に波及していった。ヨーロッパでは、一八世紀にトウモロコシやジャガイモなど新大陸の作物の輸入で、食糧生産が人口増加を制約するという一八〇〇年までの「マルサスの罠」から解放され、乳児死亡率の低下や衛生状態の改善とともに生活水準の上昇と人口の増加がともに可能になった。

産業革命はヨーロッパのアジアへのキャッチアップとしておきたもので、それにつづくヨーロッパの経済成長はアジア優位の世界をヨーロッパ優位に逆転させ、市場経済メカニズムの自立化と農業社会から産業社会への移行を促進し、産業組織や人々の社会生活に画期的な変化をもたらした。同時に産業革命にともなって進展した植民地主義の強化は、モノカルチャー経済の形成を促進し、欧米の先進国と他の地域とのいちじるしい経済格差をもたらすことになった。

こうした産業革命期の一連の技術革新のなかでとくに重要なのは、蒸気機関の発明と改良による動力エネルギーの転換であった。薪炭など有機燃料から化石燃料への転換と石炭エネルギーの動力としての広範な利用は、人間の経済活動をそれまでの水力や風力など自然エネルギーによる制約から解放して経済活動を活性化させ、新産業の創発や生活水準の上昇を実現しただけではなく、長期的には地球の生態系に大きな環境変化をおよぼす負の効果をもたらした。

産業革命の展開——石炭業と製鉄業

イギリスの工業化は、「自由放任《レッセ・フェール》」に象徴されるように、国家や政府が介入することなく、民間の経済活動が自生的に展開した点に特徴がある。イギリスの産業革命というと綿工業に眼がいきがちであるが、イギリスにおける産業化の出発点は、一六世紀半ばの薪炭から石炭へのエネルギー転換にもとめられる。一六世紀になると、燃料・建築材用の伐木や牧羊業の発達にともなう森林の開発によって木材や薪炭燃料の不足が顕著になった。燃料価格の高騰は、庶民生活だけでなく、製鉄、ガラス、金属など大量の薪炭燃料を必要とする産業にも大きな影響をあたえた。これらの産業は燃料用木材をもとめて森林地帯を移動したために、一七世紀末にはイギリスの森林面積は一六%にまで減少したという。こうしたエネルギー危機に直面して、家庭用・産業用の代替エネル

綿工業(紡績・織布)	
1733 年	ケイの飛び杼
1764 年	ハーグリーブスのジェニー紡績機
1769 年	アークライトの水力紡績機
1779 年	クロンプトンのミュール紡績機
1785 年	カートライトの力織機
1793 年	ホイットニーの繰綿機(米)
1825 年	ロバーツの自動ミュール紡績機

はイギリス.

表2　産業技術の革新

製　鉄	蒸気機関
1622年　ダドリーのコークス製鉄法	1698年　セイヴァリーの蒸気機関(揚水用ポンプ)
1709年　ダービーⅠ世のコークス製鉄法	1712年　ニューコメンの蒸気機関
1735年　ダービーⅡ世のコークス製鉄法の実用化	
1750年代　ダービーⅡ世のコークス製鉄法の改良	1769年　ワットの改良蒸気機関
	1775年　スミートンの改良蒸気機関
1784年　コートのパドル法	1781年　ワットの複動式蒸気機関
	1802年　トレヴィシックの高圧蒸気機関
1828年　ニールソンの熱風炉製鉄法	1807年　フルトンの蒸気船(米)
1856年　ベッセマーの転炉法	1814年　スティーヴンソンの蒸気機関車
1864年　ジーメンス・マルタン塩基性平炉法(独仏)	
1878年　トマス塩基性転炉法	

注）年代については諸説があるものもある．国名の記載がない事項

ギーとしてしだいに石炭が利用されるようになり、一六世紀半ばから一七世紀半ばにかけて石炭業の飛躍的な発展がみられた。

イギリスに豊富に存在した石炭は、熱効率性もたかく、木材に比較して安価であったので、石炭以外の代替エネルギーがなかった以上、木材から石炭へのシフトは偶然の結果というより経済合理性にもとづく必然的な選択であったといえる。

一八世紀半ばまでに石炭は

一次エネルギーとしてエネルギー供給量の六〇%をしめるようになり、それとともに土地は集中的に食糧や飼料の生産にむけられるようになり、農業生産は増加した。

一七世紀以降の産業技術の革新の状況は、表2にしめされている。製鉄業では、一八世紀に製銑において高コストの木炭からコークスへのシフトが急速にすすみ、製錬ではヘンリー・コートによるパドル法(攪拌・圧延法)の開発によって良質な錬鉄の生産が可能になった。* 鉱山業の課題は排水問題にあったが、一七一二年にトマス・ニューコメンが、セイヴァリーの鉱山用揚水ポンプを改良した気圧式蒸気機関を製作、さらに八一年にはジェイムズ・ワットがクランクを使用してピストンの上下運動を回転運動に変換する複動式蒸気機関を製作し、これ以降蒸気機関は産業用動力として実用化された。ワットの蒸気機関は企業家マシュー・ボールトンによって製品化され、普及した。こうした技術者の努力や革新的な企業家の存在にくわえて、一八世紀後半には運河時代をむかえ、交通インフラの整備によって輸送費など取引コストが低下し、石炭や鉄の価格は低下して市場が拡大した。

蒸気機関の交通機関への応用は、船舶では一八〇七年に米人フルトンが外輪式の蒸気船を実用化し、陸上では一四年にはジョージ・スティーヴンソンの蒸気機関車が実用化された。一八二五年にストックトン・ダーリントン鉄道、三〇年にはリバプール・マンチェスター鉄道が開通し、鉄道はイギリス国内のみならず、世界的に急速に普及した。イギリスは重商主義的保護政策をとっていたが、一二五年に機械輸出禁止法(一七七四年制定)のうち蒸気機関の輸出が許可制になり、四三年に同法は廃止されて輸出が自由化され、イギリス製機械の輸出は欧米諸国の産業化を促進した。

* 銑鉄は炭素含有量が三・五〜四・五%、鋼鉄は同二・〇%以下、錬鉄は同〇・二%以下の鉄をいう。

産業革命の展開——綿工業

アジア貿易の拡大で、イギリスではインド産のキャリコやモスリンなど薄手の上質綿織物の需要の拡大とともに輸入が急増し、一六七〇〜八〇年代には「キャリコ論争」がおきた。イギリスの毛織物は薄手の新毛織物の生産にうつりつつあったが、毛織物や絹織物などの織物製造業者や職工は失業を懸念して、大規模なインド綿布の輸入反対運動を展開した。こうしてイギリス政府は、一七〇〇年にキャリコ輸入禁止法、二〇年にキャリコ使用禁止法(七四年廃止)を制定したが、インド綿布の需要は容易におとろえなかった。綿工業における一連の技術革新は、こうしたインド綿布の輸入急増への対応としておきたが、綿工業が重要であるのは、それが日常の大衆消費財としてひろい市場をもっていたからである。

一七三三年にジョン・ケイの飛び杼《ひ》の発明で緯《よこ》糸を通す杼が自動化されると、織物生産は急増し、綿糸不足が生じたために綿糸価格が高騰した。綿糸供給量の増産を可能にしたのはハーグリーブスのジェニー紡績機とアークライトの水力紡績機で、このふたつの紡績機の長所をかけあわせて丈夫で細い綿糸を生産したのがクロンプトンのミュール紡績機であった（ミュールはロバと馬をかけあわせたラバのこと）。ミュール紡績機の開発によって綿糸生産は飛躍的に増加し、国産技術でインド綿布に対抗することができるようになった。こうして綿糸不足は解消されたのに対して織布工程の機械化は遅れ、八五年のカートライトの力織機の発明とそれ以降の力織機の改良によって、ようやく紡績・織布両工程における機械化が達成された。一七八五年には最初の蒸気機関による紡績工場での生産がはじまり、工場制機械工業による大量生産が可能になった。こうしたイギリスでの綿糸・綿布生産の機械化は、アメリカでホイットニーによる繰綿機の発明をうながし、アメリカ南部における棉花生産の急増と原棉コストの大幅な低下によって、イギリス綿製品の低価格での大量生産が可能になった。

産業革命をめぐる論争——生活水準論争と経済成長率論争

産業革命期には多くの人々が、社会生活のなかでこれまで経験したことのない大きな変化がおきているという新時代への予兆を実感していた。産業革命の評価については多様な見解があるにしても、一八世紀末から一九世紀にかけて大きな変化があったことを否定する人はほとんどいない。

産業革命をめぐる最初の論争は、生活水準論争である。この論争は、産業革命により人々の生活水準が上昇したのか、あるいは低下したのかをめぐっておこなわれた。トインビーやウェッブ夫妻などのフェビアン主義者やマルクス主義者は、産業革命の革命性（非連続性）を強調し、労働者は生活水準が低下して相対的に窮乏化したという悲観説を主張した。それに対して、クラッパムやアシュトンなどの経済史家は、産業革命によって物価は相対的に下落し、雇用機会の拡大や所得の上昇で労働者の生活水準は改善されたと主張する楽観説をとなえた。この論争は、数量経済史の進展によって実質賃金、人口動態（平均余命の上昇と乳児死亡率の低下）、健康状態（身長やカロリーなど）にかんする推計の精緻化がすすみ、一七八〇〜一八二〇年には労働者の生活水準は低下したが、一八四〇年以降は顕著な改善がみられたというのが現段階での共通認識になっている。

論争の第二波は、数量経済史の発展を背景におこなわれた経済成長率論争である。当初のディーン＝コールの経済成長率の推計に比較して、リーやクラフツ＝ハーリーの推計では全体と

表3　イギリスのGDP成長率と人口増加率

（年平均，単位：%）

	ディーン＝コール推計（1962年）	リー推計（1986年）	クラフツ＝ハーリー推計（1992年）	人口増加率
1700〜1760	0.66	0.7	0.69	0.38
1760〜1780	0.65	0.7	0.64	0.69
1780〜1801	2.06	1.3	1.38	0.97
1801〜1831	3.06	2.0	1.90	1.45

資料）斎藤修『比較経済発展論』（岩波書店，2008年），231頁；C. H. Lee, *The British economy since 1700* (CUP, 1986), p. 5.
注）1801年まではイングランドおよびウェールズ，1801〜31年はグレート・ブリテン．

して下方に修正され（表3）、二〜三%のゆるやかな経済成長がつづいたことが強調され、産業革命の革命性が否定される傾向がつよくなった。これらの推計では、従来の綿工業や製鉄業などのリーディング・セクター中心の成長率に比較して、対象とする産業が建設業など技術革新のみられない伝統的産業に拡大されたために、経済成長率が低くなるのは当然の結果でもある。統計はその時代の構造とトレンドのなかに位置づけられてはじめて意味をもつもので、統計学的処理をほどこせば数値が連続的になり、質的な差異をふくむ経済のダイナミズムは見失われてしまう。しかし、表3をみても、一七八〇年以前と一七八〇年以降の成長率とのあいだには修正値においても大きな差がみられるので、ほぼこの頃を境に一九世紀以降につながる持続的な経済成長の発展パターンが形成され、一八二〇年以降人口増加と実質賃金がともに上昇するようになったと考えられる。

なぜ産業革命は最初にイングランドでおきたのか?

ヨーロッパ以外の地域で経済成長がみられる現在では、工業化の要因をヨーロッパ内部の特有の要因にみいだそうとする議論はすでに過去のものとなっている。しかし、ヨーロッパ大陸の工業化は、自力というよりも初発の段階でイギリスからの技術移転があってはじめて可能になったもので、「なぜイギリス(イングランド)で産業革命がおき、イギリスは最初の工業国家になりえたのか」という問いは、いまでもなお経済史にとって重要なテーマである。この問いは、同時に「なぜヨーロッパ大陸やアジアでは産業革命がおきなかったのか」という問いと表裏の関係にある。

伝統的な説明はイギリスの国内的要因を重視するもので、一八世紀のノーフォーク農法の導入や農業技術の改良、第二次エンクロージャー(土地囲込み運動)による土地の効率的な利用による農業生産力の上昇など農業革命の進展と、それにともなう農産物の供給量の増加と穀物価格の下落による実質所得(購買力)の上昇が、人口増加や都市化を可能にしたことが強調された。しかし、農業の発展は産業革命のひとつの条件ではあっても直接産業革命にむすびつく要因ではなく、また環大西洋貿易の影響を無視することもできない。

産業革命は、国内外の経済的、地理的、政治的、宗教的、科学的などさまざまな複合的要因の結果生じた創発的現象で、蒸気機関が実用化され諸産業に応用されるまで、産業革命は地域的、個別産業的な現象にすぎなかったが、新大陸との貿易やインド産綿布の輸入増加など外的要因にくわえて、イギリスに固有の条件も考えられる。

第一に、地勢的にイギリスは島国で、政治経済的にヨーロッパ大陸と一線を画する位置にあった。ロバート・アレンは、イギリス経済の特徴として高賃金と低エネルギー価格をあげているが、イギリスにはとくに石炭と鉄鉱石の鉱物資源が豊富に存在したので、早期のエネルギー革命による石炭業の発展と石炭の効率的な利用は、相対的に高賃金のイギリスでは労働節約的でかつ技術集約的な技術開発を促進した。

第二に、政治的には、一六八八年の名誉革命につづく権利の章典によって国王の権限を制限した議会制度が確立し、私的財産権や民法・商法など慣習法《コモンロー》の整備がすすみ、制度的に安定した社会になったことがあげられる。知的財産権（特許権）の重要性がしばしば指摘されるが、産業革命期の多くの技術革新では、発明家がかならずしも特許制度によって保護されたわけではなく、アークライトの水力紡績機やワットの蒸気機関のように特許紛争がたえないこともあった。また逆に、一七六九年のワットによる分離復水器の特許が一八〇〇年まで延長されたために、高圧蒸気機関の開発が停滞したという負の効果もあった。

第三に、宗教的には、規律の厳格なピューリタン(清教徒)が北米に移住し、一六六〇年のピューリタン革命の失敗でステュアート朝が復活し、議会制度と相対的に宗教的寛容性のたかいイギリス国教会のもとで科学と宗教の分離がすすみ、自由な発想とイデオロギーの世俗化がすすんだことがあげられる。

第四に、フランシス・ベーコン以降の実験重視の科学的思考や経験主義の伝統、自然法思想や啓蒙主義思想などの思想的風土が醸成されていたことである。ジョエル・モキアは、技術革新をマクロとミクロの発明にわけ、科学や技術の「有用な知識」やヨーロッパにみられた啓蒙主義がイギリスでは「産業的啓蒙主義」としてあらわれたことを強調している。しかし、ルネサンスやスコットランド啓蒙主義の影響が間接的にはあるとしても、電気や化学など科学知識や理論が生産に応用されるようになるのは一九世紀後半以降のことで、産業革命期の技術革新にルネサンスや科学的専門知識との直接の関係をみいだすことはむずかしく、一連の技術革新は、ニューコメン(金物商)、アークライト(理髪職人)、カートライト(牧師)など個人ベースでの知的探究心や発明と改良への努力と蓄積のうえにはじめて可能になったといえる。

石炭や鉄など生産要素の賦存状況は偶然であったとしても、同様の環境にあったドイツ、アメリカ、中国では産業革命はおきなかったし、カトリックのつよいフランスやイタリアはいうまでもなく、ヴェーバーが『プロテスタンティズムの倫理と資本主義の精神』で理念型として強調したカルヴァン派のつよいオランダでも、また長老派カルヴィニズムのスコットランドでも産業革命はおきなかった。

2　「パクス・ブリタニカ」の時代

工業・貿易・金融センターとしてのイギリス

世界がグローバルなひとつのダイナミックなシステムとして成立する背景になったのは、イギリスにおける産業革命の展開と一八一五年のナポレオン戦争の終結によってヨーロッパに政治的な安定がもたらされたことである。しかし、グローバル経済の確立は、一九世紀半ば以降イギリスの優越した経済力によって保証された安定的な国際的経済レジームが構築される「パクス・ブリタニカ」の時代をまたなければならなかった。「パクス・ブリタニカ」は、蒸気機関や電気など新技術の実用化による交通・通信革命、自由貿易体制による世界貿易の拡大、金本位制にもとづくポンドを国際通貨とする多角的決済システムの形成など複合的な要因があってはじめて現実になったものである。「パクス・ブリタニカ」のもとで、国民経済の世界経済への統合によるあらたな国際的分業体制のもとで、市場と生産のグローバル化がすすみ、モノ・ヒト・カネ・情報のすべてが国境を超えて自由に移動することが可能になった。しかし、グローバリゼーションの基礎となるリベラリズム(自由主義)と国家主権にもとづくナショナリズムのジレンマの問題が、あらたに生じたことは重要な意味をもった。

イギリスは、一八四三年の機械輸出禁止法につづいて、四六年に穀物法(一八一五年制定)、四九年に航海法(一六五一年制定)を廃止し、重商主義的な規制や保護関税・差別関税はほぼ撤廃され、自由貿易体制が確立した。こうしてイギリスの自由貿易主義にもとづいて、アジア経済と大西洋経済が再編された。ヨーロッパにおける自由貿易体制は一八六〇年の英仏通商条約(コブデン＝シュバリエ条約)以降ヨーロッパに拡大し、約二〇年間にわたり関税障壁の撤廃を通してベルギー、フランス、ドイツなどヨーロッパ諸国の工業化を促進した。他方、アジアの主権国家は、一八三八年のイギリス・トルコ通商条約以降、中国、タイ、日本とあいついで通商条約がむすばれ、なかば強制的に世界経済に編入された。

イギリスは、「世界の工場」として工業生産の中心に位置する貿易センターであり(表4)、

表4　世界の工業生産額にしめる主要国のシェア

（単位：%）

	イギリス	フランス	ドイツ	ロシア	アメリカ	日本
1840	21	18	17	—	5	—
1870	32	10	13	4	23	—
1896/1900	20	7	17	5	30	1
1913	14	6	16	6	36	1
1936/38	9	5	11	19	32	4

資料）F. ヒルガート（山口和男ほか訳）『工業化の世界史』（ミネルヴァ書房，1979年），8頁．1840年はW. W. Rostow, *The world economy* (Macmillan, 1978), pp. 52–53.

一八五一年のロンドン万国博覧会は「パクス・ブリタニカ」時代の幕開けを象徴するものであった。

イギリスは、「世界の銀行」として金融のセンターでもあった。一九世紀初めにフランス革命後の混乱で、国際金融の中心地はアムステルダムからロンドンのシティにうつった。なかでもロンバード街には、ベアリング商会やロスチャイルド商会などマーチャント・バンカーとよばれる金融業者が進出し、かれらは貿易手形の割引など外国為替取引をおもな業務とし、長期信用の供与を専門とする信用力のある金融業者で、のちに海外証券の発行や引受けの中核的機能をはたすことになる。国際通貨としてのポンドの信用は絶大なもので、貿易はポンドで決済され、ロンドン宛手形は世界的に流通した。またイギリスは世界の船舶総トン数の約三五%を保有し、海運による世界的規模での輸送ネットワークが形成され、ロイドなど海上保険のほとんどはロンドン保険市場でひきうけられた。

一八五〇年代には、オリエンタル銀行、チャータード銀行、チャータード・マーカンタイル銀行などイギリス系の国際銀行が設立されてアジアをはじめ世界各地に支店網を拡大し、また植民地香港には六五年に香港上海銀行（ＨＳＢＣ）が設立され、貿易金融や為替業務をおこなった。フランスの国立パリ割引銀行やクレディ・リヨネ、ドイツ銀行など海外の有力銀行もロンドンに支店を開設し、ロンドン金融市場に資金が流入した。最終的な国際決済はロンドン・シティにある金融機関の帳簿上の「ロンドン・バランス」で集中的におこなわれるようになり、ロンドンは国際金融センターとしての地位を確立した。

交通・通信革命の到来

一九世紀の半ばには技術革新の影響が顕著にあらわれ、なかでも鉄道や船舶への蒸気機関の応用と電気通信の普及によってビジネスの方法は大きく変化した。蒸気船の登場によって経済活動は、海流や風向きなど自然条件による制約から解放された。初期の蒸気船は帆走と蒸気機関を併用するハイブリッド型の構造であったが、燃料としての石炭は高価で、しかも燃焼効率が悪かったので、輸送は乗客や高額な貨物にかぎられた。

一八六九年のスエズ運河の開通とアメリカの大陸横断鉄道の完成は、あらたな時代の到来をつげる出来事であった。スエズ運河の開通によりヨーロッパとアジア間の距離は大幅に短縮され、ロンドンからボンベイまでの距離は喜望峰経由にくらべて四一％、上海までは二四％短縮され、中国貿易の八分の七は蒸気船になったという。一八七〇年代になると蒸気機関の改良と炭価の低落にくわえて、はげしい海運競争の結果、海上運賃は低下した。蒸気船は木造から鉄製・鋼鉄製のスクリュー艦になって大型化し、三段膨張式機関や蒸気タービン、内燃機関の改良によって石炭の燃料効率は上昇し、帆船から蒸気船への移行が急速にすすんだ。こうして蒸気船の定期航路と鉄道をリンクする輸送ネットワークが形成され、遠距離交易における物資の大量輸送と輸送コストの低下が可能となり、グローバルな規模でのモノとヒトの移動が拡大した。ちなみに一八五一～一九一〇年の大陸間の移民の総数は四〇〇〇万～五〇〇〇万人で、その六〇％がアメリカ合衆国へむかい、移民による送金は年間六〇万ポンド強にのぼったと推定されている。

電信技術の普及は、ヨーロッパとアメリカで別々にすすめられた。ヨーロッパでは一八三〇年代に電磁式電信機による電信技術の実用化がすすみ、四〇年代に電信はイギリスやヨーロッパ域内で急速に普及した。またアメリカでは四〇年代のモールス式電信機の実用化以降、電信が急速に普及し、六一年にはニューヨーク・サンフランシスコ間の大陸横断電信線が完成した。

大陸間の電信線は、六六年に大西洋横断海底ケーブルが敷設され、七〇年代前半にはインド、中国、南米、オーストラリアにいたるグローバルな電信ネットワークが完成した。東アジアへの電信線の敷設は、シベリア経由でデンマークの大北電信会社、シンガポール経由でイギリスの大東電信会社によって上海まで敷設され、七一年には上海・長崎間に海底ケーブルが敷設されて、日本も国際電信ネットワークにリンクされた。グローバルな電信ネットワークの形成によって世界各地の市場価格などの経済情報が瞬時に知られるようになり、電信為替による決済も恒常化した。しかし、電信料金は高価であったので、通常は電信と郵便が併用され、商業用の電信は暗号電報によってコストの削減がはかられた。

イギリスの国際収支構造と多角的決済機構の形成

世界貿易額(推定)は、一八五〇年の八億ポンドから一九世紀末には三九億ポンドへと約五倍に増加した。一八七〇〜一九一四年の世界貿易の年平均成長率は三〜四%で、世界のGNP総額の成長率よりもたかかった。世界貿易の増加の要因は、欧米諸国の工業化の進展にともなう原料や食糧品など一次産品貿易の増加で、一八七六〜一九一三年には世界貿易額の三七%が製造品であったのに対して、一次産品が六三%をしめた。

イギリスの貿易は基本的に大西洋経済圏を基礎とするもので、主要輸出品は綿糸・綿布など綿製品や毛織物などの繊維製品、鉄鋼製品、機械などの工業品のほか、ヨーロッパ向けの石炭で、再輸出の比率がたかく輸出総額の二〇％をしめた。一九世紀後半には輸出の約八〇％は工業品がしめ、なかでも綿製品は輸出の二七％をしめる最大の輸出品であった(鉄鋼製品は九％)。輸入の八〇％強は原料と食糧品で、輸入の一五％は原料棉花、小麦をはじめとする穀物が一三％をしめた。イギリスの産業・貿易構造は海外市場依存型で、イギリスは世界貿易の二〇％強のシェアをしめた。一八七〇年代以降、欧米諸国の工業化によってイギリスは産業的停滞の時期をむかえ、工業生産額におけるイギリスのシェアは相対的に低下し、競争力のある輸出品はしだいに既存の繊維、鉄鋼、石炭などにかぎられ、輸出市場はヨーロッパやアメリカからアジアやラテン・アメリカにシフトした。

図2にみられるように、イギリスの貿易収支は輸入超過であったが、海外投資にともなう利子配当収入や海運・保険によるサービス収入など貿易外収支の黒字で十分にカバーされ、イギリスの国際収支の構造は、国際経済システムの潤滑油として機能した(当時は現在のＩＭＦ基準とは異なり、商品貿易収支以外は貿易外収支)。イギリスの貿易や投資相手国はアメリカとヨーロッパが中心で、地域別の国際収支ではアメリカおよび大陸ヨーロッパに対しては支払超過、ア

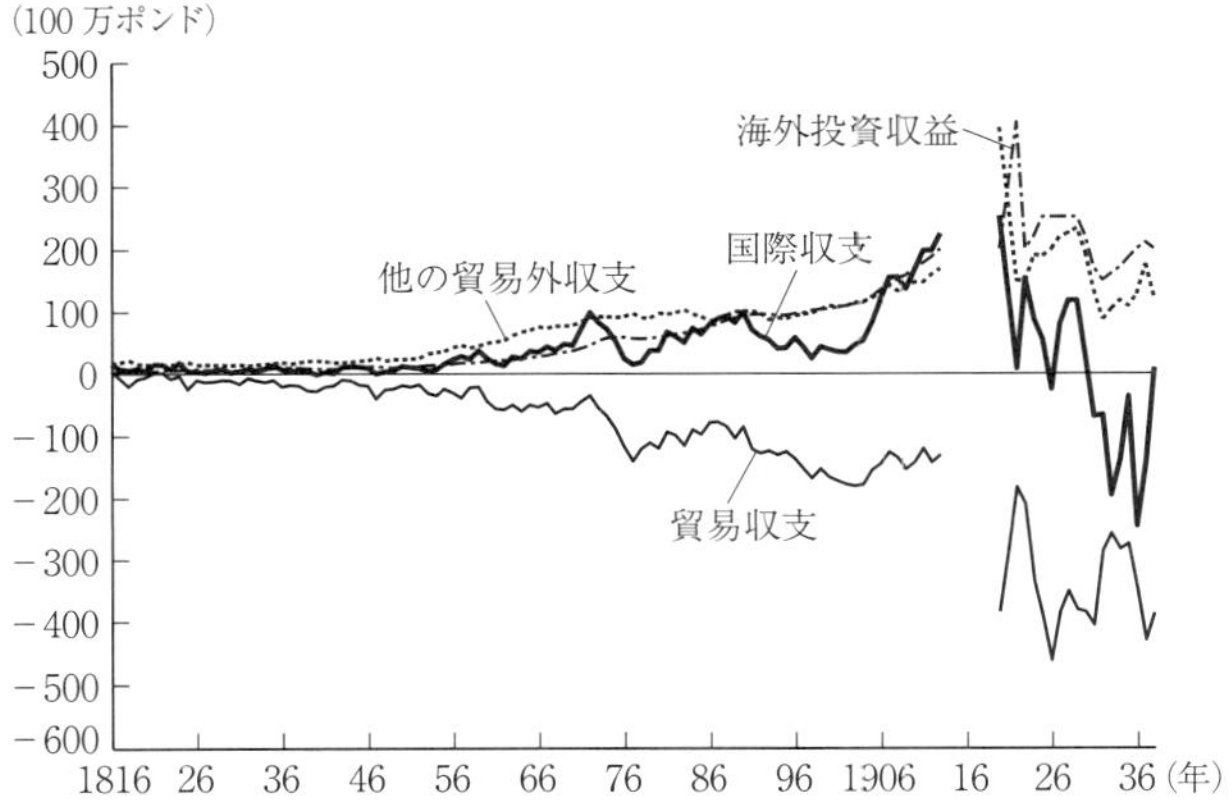

図２　イギリスの国際収支(1816〜1938年)

資料) B. R. Mitchell and P. Deane, *Abstract of British historical statistics* (CUP, 1971)より作成.

ジア諸地域に対しては受取超過で、なかでもイギリスへの資金還流で重要な位置をしめていたのは植民地インドであった。インドは「本国費」の負担のために輸出超過の継続が必要で、ポンドとルピーの為替レートはイギリスに有利になるように人為的にポンド安・ルピー高に設定されていた。

ロンドンは海外証券を主とする資本市場で、イギリスは世界最大の海外投資国であった。一八四〇年代からはじまる資本輸出は、欧米での鉄道建設などの投資が中心に七〇年代以降本格化し、一九世紀末以降は植民地開発投資が増加した。一九一四年にはイギリスは世界の資本輸出総額の四三%をしめ、地域別投資額では、北米三五%、ラテン・アメリカ一九%、インドをふくむアジア一八％、アフリカ一二％、オセアニア一一％、ヨーロッパ五％で、帝国内外の比率は帝国内が四七％、帝国外が五三％であった。

金本位制の確立

イギリスはナポレオン戦争後の一八一六年に金本位制を採用し、四四年のピール条例でイングランド銀行(一六九四年創設)は中央銀行(発券銀行)になった。世界の金の供給量は、四八年にカリフォルニア、さらに五一年にオーストラリアで金鉱が発見されて以降増加し、七一年にドイツが普仏戦争の賠償金で金本位制に移行すると、七〇年代にフランス、アメリカをはじめとする主要国があいついで金本位制に移行し、八〇年頃には国際金本位制が確立した。一八八〇年から第一次世界大戦の開始にいたるまでの金本位制は、各国通貨がそれぞれ金にリンクする固定為替相場制であったが、実質的にはポンドを国際通貨とする金・ポンド本位制で、通貨価値の安定化とともに世界貿易は急速に拡大した。

各国間の国際収支の不均衡の調整は、D・ヒューム以来の古典的金融理論が想定してきたような金の移動による自動調節メカニズムや、中央銀行による「ゲームのルール」にもとづいておこなわれたわけではなく、イギリスの国際金融市場における圧倒的な地位を背景としたイングランド銀行の公定歩合《バンクレート》の調整などの金融政策により結果的に可能になったといえる。しかし、たとえ金本位制の自動調節メカニズムが幻想にすぎなかったとしても、「ゲームのルール」は規範として機能した。当時の国際金融家や欧米各国の財政担当者の金本位制に対する信頼・信念は非常につよかった。自由貿易体制のもとでグローバルな貿易と資本移動が拡大し、イギリスを中心とする資金循環のメカニズムが形成された。こうした安定的な経済レジームを保証したのが、七〇年代以降の金本位制にもとづく多角的決済機構の形成とポンドに対する信認であり、こうしてはじめてひとつの経済レジームのもとで運営されるグローバル経済が確立したのである。

イギリスの軍事的プレゼンス

一九世紀の国際政治・外交におけるイギリスのリーダーシップの背景には、圧倒的な経済力とともに、軍事力があったことはよく知られている。イギリスの対外膨張にともなう陸海軍費の増加と財政規模の拡大は、一八五〇年代のクリミア戦争、アロー号戦争、インド大反乱に関連する軍事支出の増加によっていちじるしくなり、国民の負担が増加したために、グラッドストン蔵相のもとで、自由貿易の推進と緊縮財政政策による軍事費削減を主とする財政改革がおこなわれた。陸海軍費は、五八年以降八〇年代半ばにいたるまで自由党、保守党内閣を問わず支出が抑制され、こうした財政的理由から白人植民地の分離・独立も推進された。

イギリスの政府当局者や海軍関係者のあいだでは、一九世紀半ばまでにイギリス海軍の優越性はすでに失われており、海軍力強化の必要性があることは十分に認識されていたが、イギリスが経済的に優位にあり、かつまたドイツやフランスなどの列強の海軍力が充実していない状況下で、イギリス海軍の優越性というイメージは国際政治の安定化の手段として外交政策のなかで積極的に利用された。軍事費の削減は、とくに海軍において顕著で、艦隊の再編や基地・兵員規模の縮小が促進され、一八六五年の植民地海軍防衛法では白人植民地における海軍の創設も承認された。

一八七〇年代後半期には、植民地の防衛が中心的な政策課題になり、イギリスの軍事的・政治的覇権の維持と商業的権益の防衛のために石炭補給基地は地理的重要性にしたがって、大西洋貿易とアジア・オーストラリア貿易ルートが交差する喜望峰のサイモン湾を第一位に、以下香港、シンガポール、ポート・ロイヤル（ジャマイカ）の順に優先順位がつけられた。八〇年代後半以降、他の列強の海軍力が充実するにつれて、こうしたイギリス海軍に対するイメージと実態の乖離は急速にせばまり、イギリスは、海軍力の第二位および第三位の国の合計に匹敵する規模の海軍力を目標とするという二国標準原則に転換し、八九年に海軍防衛法が制定された。

イギリス産業の衰退

自由貿易の時代は、同時にイギリス産業の相対的衰退の時代でもあり、イギリスの経済力の優位の基礎をほりくずしたのは、まさにこの自由貿易の政策であった。技術的優位性を維持しているあいだは新技術の開発のインセンティブが稀薄になり、安定的な既存産業への投資にむかうのは自然なことで、綿工業や鉄鋼業のようにまだ十分に使用可能で競争力をもつ製品の生産設備の交換や一度確立した賃金システムの変更にはコストがかかる。イギリス国内の銀行は短期の商業金融が中心で、長期の産業資金の融資は敬遠する傾向がつよく、一九世紀後半のイギリスでは、職人的技能にもとづく家族経営中心の中小規模の企業が広範にみられ、大企業への移行や電機・化学・自動車など新産業の開発は遅れた。イギリス製品の国際競争力に翳りがみえ、製造業における生産とマーケティングの乖離が指摘されていたもののその矯正はむずかしく、蒸気機関の成功がかえって石油を燃料とするディーゼル機関への転換を遅らせることにもなった。

一九世紀後半のドイツやアメリカなど後発国の工業化によってイギリス経済の相対的地位は

低下したが、欧米諸国の金本位制の採用によって、逆にロンドンの国際金融・資本市場としての地位はいっそう強化された。P・ケインとA・ホプキンズの「ジェントルマン資本主義」論によれば、こうしたロンドンの金融市場の中核は、イギリス南部のジェントルマン的生活を志向する金融・サービス関係の投資家で、二〇世紀初めにいたるまでロンドンの金融市場としての地位はゆらぐことはなかった。アメリカもドイツもイギリスにかわる国際公共財としての経済レジームを提供することはできず、また海外市場依存型のイギリスにとって自由貿易政策の維持はベターな選択肢であった。一九三一年に金本位制を離脱するまで、イギリスは、経済力の相対的低下にもかかわらず、忍耐づよく自由貿易政策を堅持し、国際経済レジームのリーダーとしての役割をはたしたのである。

ドイツとアメリカの工業化

経済史家アレクサンダー・ガーシェンクロンが指摘するように、後発国の工業化には先端技術の導入によるメリットがあるにしても、生産に適合的な経営組織や人的資本の育成がなければ成功はおぼつかない。ヨーロッパ大陸における繊維産業、製鉄業、機械工業の発展も当初はイギリスからの技術移転によるものであった。工業生産においてイギリスを急追したドイツやアメリカは、国内的には自由主義政策をとったものの、対外的には保護貿易政策をとった。

ヨーロッパ域内では、一八六〇年以降自由貿易体制のもとで、二国間の通商条約網が形成され、道路・鉄道・運河などの交通網の整備やラテン通貨同盟、メートル法の普及などヨーロッパ的規模での共通基盤の整備がすすめられた。鉄道建設のための資本投資や政府借款の増大、技術者や移民・季節労働者の増加など各国の相互依存関係も緊密化し、国境を超えた資本や労働の移動が拡大した。フランスおよびドイツの海外投資の五〇%強はヨーロッパにむけられ、域内の鉄道距離数は一八四〇年の一九〇〇マイルから一九〇〇年には一七万六二〇〇マイルに増加し、一八七六〜一九二六年のヨーロッパ域内における移民総数は七五六万人に達した。

一九世紀後半のドイツでは、国家による産業保護政策もあってめざましい工業発展がみられた。鉄鋼、電機、化学などの主要産業では、ベルリン六大銀行などによる長期信用の供与と株式発行による巨額の資金調達によって資本の集積・集中化がすすみ、カルテルが結成された。ドイツは工業技術教育に力をいれ、鉄鋼業ではクルップやティッセン、電機ではジーメンス・ハルスケやAEG、化学工業ではBASFなど重化学工業を中心に大企業による寡占体制が確立した。自由貿易政策はイギリス製品の競争力のつよさを反映し、結果的にイギリスに有利に作用したので、ヨーロッパ諸国は自国の工業化につれて、イギリスからの輸入品に対して高関税を賦課し、国内産業の保護・育成政策をとる国もでてきた。

一八三四年にはドイツ関税同盟が成立していたが、ドイツの経済学者フリードリッヒ・リストは『政治経済学の国民的体系』(一八四一年)で後進国の保護関税制度の正当性を強調した。ドイツは、ヨーロッパの自由貿易体制に参加したが、七一年のドイツ帝国の成立とともにビスマルクが首相に就任すると、七九年に「鉄と穀物の同盟」といわれる保護関税法を実施し、またフランスも九二年のメリーヌ関税の施行で保護貿易主義に転換した。

アメリカ合衆国は、一九世紀に北部の工業化が開始されるまで、環大西洋経済のなかでタバコ、小麦や米などの穀物、のちには棉花などの農産物の輸出に特化したモノカルチャー経済であった。アメリカの工業化も基本的にイギリスからの技術移転によるが、南北戦争後にはリーディング・セクターが綿工業から製鉄業や機械工業などの重工業にシフトし、一九世紀後半にはスコットランド人A・カーネギーの鉄鋼会社(一九〇一年にフェデラル鉄鋼と合併してUSスチール)やロックフェラーのスタンダード石油、電機ではゼネラル・エレクトリック(GE)やウェスティングハウスなどの独占的大企業が出現した。

アメリカ経済は市場メカニズムにゆだねられ、政府が民間企業の活動に介入することは基本的になく、市場での競争を保証するために反独占政策がとられた。アメリカは自然資源にめぐまれていたので、エネルギーとして木材や水力が利用され、蒸気機関は高コストで技術者も不足していたために導入は遅れた。また土地も豊富に存在していたので農業に従事することは容易で、全体として労働力不足であったために、アメリカの産業は機械による資源浪費的で労働節約的な大量生産システムが特徴的であった。アメリカへの移民は一八四〇年代から急増し、四〇年から第一次大戦までの移民は二四〇〇万人にのぼり、八〇年代まではアイルランドやドイツなど西欧および北欧からの移民が大部分をしめたが、それ以降はポーランドなど東欧やイタリアなど南欧からの移民が増加した。

アメリカの対外貿易政策は保護貿易主義で、南北戦争の一八六一年のモリル関税以降、南北戦争期の関税引上げで六四年には平均関税率は四七％になった。七二〜七五年には財政状況が好転したために一時的に一〇％の引下げがおこなわれたが、八三年、九〇年（マッキンレー関税法）で拡張され、さらに九四年、九七年（ディングレー関税法）、一九〇九年（ペイン＝オルドリッチ関税法）、一三年（アンダーウッド＝シモンズ関税法）の関税法により保護貿易が強化された。

帝国主義の時代

自由貿易を基調とするパクス・ブリタニカのレジームでは、非西欧地域は工業製品の市場としてよりも、原料や食糧など鉱産物や農産物の供給地として位置づけられたので、世界市場への統合化の進展は同時に植民地主義による支配の強化を意味し、先進工業国と植民地の経済格差をいっそう拡大させることになった。一八八〇年頃までにアジア地域の植民地化はほぼ終了し、ヨーロッパ列強による植民地獲得競争の焦点はアフリカ分割に移行した。

この時代は、一般的には「帝国主義」とよばれている。J・A・ホブソンやレーニンの資本輸出論にみられるような帝国主義国内部の経済的要因から説明づけようとする議論に対して、J・ギャラハとR・ロビンソンは一九五三年に発表した「自由貿易帝国主義」論で、先進国経済による後進地域の経済的統合過程における政治的機能を重視する議論を展開した。この議論は、軍事力行使による直接的な植民地統治がおこなわれた公式帝国《フォーマル・エンパイア》だけを対象にしてきたイギリス帝国史の伝統的な方法論に対する批判で、ヴィクトリア中期(一八五〇～七〇年代)を自由主義＝反帝国主義の時代、ヴィクトリア後期(一八八〇年以降)を帝国主義の時代とみなしてきた通説に対して、イギリスの政治的経済的影響下にある非公式帝国《インフォーマル・エンパイア》にまで視野をひろげると、ヴィクトリア中期にも自由貿易を通じて帝国主義の論理がつらぬかれており、ヴィクトリア中期と後期は相対立する時代ではなく、そこには一貫して膨張の連続性がみられ、したがって帝国主義といわれているヴィクトリア後期はあらたな段階を画するものではない、と主張した。

この議論をめぐっては多くのケース・スタディにもとづいて論争がおこなわれ、ヴィクトリア後期の質的相違を強調する研究者は、一八八〇年以降を「新帝国主義」とよんでいる。アフリカ分割の段階でヨーロッパ諸国にとって市場や資本投資先としてのアフリカの重要性はほとんどなかったので、経済的要因からの説明には無理があり、むしろ「将来の市場」として囲込みによる領土的確保という政治的理由の方が重要であった。

本格的なアフリカ分割の開始の指標は、一八八一年のフランスによるチュニジア侵攻と八二年のイギリスによるエジプト占領にもとめられる。フランスは一九世紀になるとオスマン帝国の影響力が急速に衰退した北アフリカに進出してモロッコ、アルジェリアを支配下におさめ、八一年にチュニジアを保護国化した(バルドー条約、マルサ協定)。エジプトは一八六九年にフランスと共同でスエズ運河を建設したが、スエズ運河の建設や鉄道建設など外債による公共事業の拡大はエジプトを財政破綻においこみ、七六年にはイギリスがスエズ運河会社株を購入し、八一年の外国支配に対する民族運動(ウーラビー運動)を機に、翌年イギリスはエジプトを保護国化した。こうした西欧列強によるアフリカ分割の開始は列強間の政治的対立を激化させ、これ以降ベルギーやドイツなどが分割に参加するようになり、八四〜八五年にはビスマルクの主導下にベルリン会議が開催され、アフリカ分割の基本的なフレームワークが設定された。オランダ系のオレンジ自由共和国は、一八九九～一九〇二年の南アフリカ戦争（ボーア戦争）でイギリスに併合され、イギリスが金鉱を確保したのに対して、オランダはアフリカ分割からはじきだされた。こうしてアフリカは、一九世紀末までにはエチオピアとリベリアをのぞき、ヨーロッパ七国によってほぼ分割されることになった。

第五章　アジアの近代化——中国・日本・タイ

1　中　国——アヘン戦争から日清戦争、そして辛亥革命

アヘン戦争とアロー号戦争（第二次アヘン戦争）

イギリスは、一七九三年にマカートニー使節団、さらに一八一六年にアマースト使節団を派遣して、清朝に広東十三行による貿易制限の撤廃をもとめたが、清朝に拒否された。中国では、インドからのアヘン輸入の急増によりアヘン吸飲人口が増加して国内の社会問題となっただけではなく、一八二〇年代になるとインド・中国間の貿易はインドの大幅な輸出超過になり、中国から大量の銀が流出した。中国国内では、銀不足にともなって銀価が高騰したので、日常生活でひろく使われていた銅銭の価値は急落してインフレとなり、銀納制であったために農民の負担は増加した。アヘン吸飲人口の急増と銀流出に直面した清朝政府は、アヘンの密輸を厳禁する措置をとり、湖広総督林則徐を欽差大臣（特命全権）に任命して広州に派遣し、イギリス船

のアヘン約二万箱を没収して焼却し、海に投棄した。これを機にイギリスは武力行使をおこない、アヘン戦争(一八四〇～四二年)が勃発した。

しかし、清朝はイギリスの圧倒的な軍事力のまえに敗北し、四二年に南京条約を締結して、香港島のイギリスへの割譲と賠償金の支払におうじ、広州にくわえて福州・厦門《アモイ》・寧波《ニンポー》・上海の中国南部沿岸の五港を開港した。翌年には五港通商章程と虎門寨《こもんさい》追加条約がむすばれ、さらに四四年にはアメリカと望厦《ぼうか》条約、フランスと黄埔《こうほ》条約がむすばれた。これらの条約には協定関税(関税自主権の欠如)、領事裁判権(治外法権)、最恵国待遇条項などの不平等条項がもりこまれたが、清朝側に「不平等」という意識は稀薄であった。こうした背景には、欧米諸国には、清朝の鎖国政策の打破や自由貿易による中国市場の開放とその潜在的可能性への期待があり、香港は関税のかからない自由貿易港として対中国貿易の拠点となった。通商条約の締結によって、東アジアと東南アジアでは、従来の中国を中心とするアジア諸地域との「朝貢体制」と、近代のヨーロッパ的国際法にもとづく欧米諸国との「条約体制」とが併存することになった。

欧米諸国と中国との貿易は開始されたものの、中国市場に対する多大な期待に反して中国貿易は増加しなかった。一八五二年に香港在住のイギリス商人ミッチェルが香港提督宛に送った報告書は、南京条約以降イギリス(ランカシア綿工業)の期待に反して貿易、とくに綿布や綿織物などの輸入が増加しない原因を分析したもので、その要因として、中国国内の「農工未分化」、いいかえると農家での在来の織物（土布）の生産や、アヘン貿易による購買力の枯渇と銀価の騰貴が非関税障壁となっていることなどが指摘されている。

イギリスは、清朝が条約を遵守せず貿易が不十分なことが輸入停滞の原因になっているとみなし、クリミア戦争（一八五三〜五六年）が終結して軍事力に余裕ができると、五六年に元香港船籍アロー号が清朝官憲によって拿捕された事件を機に、宣教師が殺害されたフランスと共同出兵して広州を占領し、アロー号戦争（第二次アヘン戦争）をひきおこした。

天津条約・北京条約の締結

清朝は一八五八年に天津条約と通商条約善後条約を締結したが、清朝政府は批准しなかったので、英仏連合軍は北上して北京郊外の円明園離宮を焼きはらい、六〇年に天津条約の批准交換とあらたに北京条約が調印された。両条約で、清朝は英仏両国に計六〇〇万両《テール》の賠償金支払と外国公使の北京駐在をみとめ、イギリスへ九竜半島を割譲するとともに、あらたに漢口（武漢）や天津など長江中下流域と中国北部および台湾の計一一港を開港した。一八五四年には海関（税関）における外国人税務司制度が創設されていたが、天津条約で全開港場に適用されることになり、一八六三〜一九〇六年にはイギリス人のロバート・ハートが総税務司の地位にあった。

北京条約でアヘン貿易は合法化され、アヘンは二〇世紀初めまで継続して中国の重要な輸入品であった。中国人の東南アジアの錫鉱山などへの移民は一九世紀にはいる頃から増加していたが、この条約で「苦力《クーリー》」とよばれる中国人労働者の出国が合法化されると、中国人労働者は年季契約あるいは債務移民として東南アジアのゴムや砂糖のプランテーション、アメリカの鉱山や鉄道建設、西インド諸島の砂糖プランテーションの労働者として渡航した。中国人移民の多かった地域は、同化政策をとるタイを別にして、海峡植民地、英領マラヤ、蘭領東インドであった。海外に移住した中国人のなかには商人や企業家として成功するものもあり、世界各地に会館や公所などの組織を中心にディアスポラを形成し、華僑からの送金は直接間接に中国社会をささえることになった。

南京条約、天津条約により中国沿岸部と長江流域の開港場は増加した。なかでも貿易の拠点として急速に発展したのは香港と上海で、地方貿易商人の系譜をひくジャーディン・マセソン商会など主にイギリス系の商社や植民地銀行が進出し、六五年には香港上海銀行が設立された。外国資本の投資は、海運(のちに鉄道)、造船、金融・サービスなど貿易インフラの整備のほか、開港場での紡績工場や製糸場の設立にむけられた。

外国商人は、中国国内で商業活動をおこなう権利（内地通商権）を付与され、従価二・五％の子口半税《こうはんぜい》の納入で、内地通過税（釐金《りきん》）の課税が免除された。しかし、国内では中国商人による流通ネットワークがすでに確立していたので、信用力のない外国商人の参入はむずかしく、外国商社の影響は上海や漢口など一部の開港場にかぎられた。外国商社にとって中国国内市場の情報はブラックボックスであったので、かれらは商業や流通のネットワークをもつコンプラドールとよばれる有力な中国商人を雇用した。コンプラドールは「買弁《ばいべん》」と称され、従属的なマイナス・イメージがつよいが、かれらは中国国内の流通や商慣習などにかんする経済情報をもち、自己勘定で取引もおこなう信用力のある大規模な独立商人で、外国商社にとってどの商人と提携するかが中国におけるビジネスの成否をきめる重要なポイントであった。

洋務運動──近代化への胎動

中国国内では、アヘン戦争以来の清朝政府の外交政策に対する批判から反清朝の機運がたかまったが、こうした清朝の威信低下のなかでおきたのが太平天国の乱（一八五一〜六四年）である。太平天国の指導者洪秀全《こうしゅうぜん》は、プロテスタントの影響をうけて宗教結社上帝会を組織し、偶像崇拝を否定し、儒教を排撃した。太平天国は、土地の均等配分や税負担の公平化など天朝田畝制度を理想としてかかげ、満州族の象徴である弁髪を切り、纏足《てんそく》を禁止するなど反清の姿勢を明確にして勢力を拡大し、五三年には南京を攻略して天京《てんけい》とあらため、太平天国の首都とした。欧米諸国は、当初太平天国に期待をかけて中立政策をとったが、しだいに清朝と同様排外主義的な傾向のつよいことに失望し、また太平天国と並行して上海の小刀会や、捻軍、苗族、回教徒などの反乱が各地で頻発し、国内政治の混乱がふかまるにおよんで清朝擁護政策に転じた。太平天国も、六四年には洪秀全が病死し、内紛や理想と現実との乖離による信仰の動揺などで、天京が陥落して鎮圧された。

太平天国の乱や捻軍などの国内反乱の鎮圧を機に義勇軍を組織して台頭してきたのが、湘軍の曽国藩《そうこくはん》(一八一一～七二年)や淮軍の李鴻章《りこうしょう》(一八二三～一九〇一年)など洋務派とよばれる開明的な漢人官僚層であった。洋務派には、清朝中央部では恭親王奕訢《えききん》や総理衙門《がもん》(外交部)の満州貴族や官僚、地方では曽国藩、李鴻章、左宗棠《さそうとう》、張之洞《ちょうしどう》、劉坤一《りゅうこんいつ》があげられる。一八六〇年代から日清戦争までは「洋務派の時代」とよばれ、「強兵求富」をスローガンに中国の近代化がはかられた。曽国藩は一八七〇年のフランス領事殺害の天津事件の処理を批判されて失脚し、それ以降は直隷《ちょくれい》総督兼北洋大臣の李鴻章が洋務運動のリーダーとして清朝の実権を掌握した。

洋務派は、清朝支配体制の危機を克服するために内政改革が必要であると考え、欧米諸国との協調関係を維持しながら、若い同治帝《どうちてい》(在位一八六一～七五年)を第一〇代皇帝に擁立して、明治維新とおなじ一八六八年に清朝政治の建直しをはかり(「同治中興」)、西洋技術の導入による軍事・産業の近代化を推進したほか、教育機関の設立や海外への留学生の派遣など人材の育成にも力をいれた。

洋務運動の中心理念は「中体西用論」とよばれ、中国の伝統的な思想・道徳・制度など「中学」を「本」に、西洋の科学技術の成果である「西学」を「末」として利用するという折衷的なもので、幕末・維新期の日本にみられた「和魂洋才」の思想、たとえば佐久間象山の「東洋の道徳、西洋の技術」と共通するが、洋務派が開明的であり革新的であったとしても、儒教的な伝統的価値観に依拠するかぎりおのずから限界があった。

洋務派の近代化政策

洋務運動による近代化政策は、国内外の政治・経済環境におうじてほぼ三期にわけることができる。第一期は一八六〇年代から七〇年代初めまでの時期で、この期には、軍備、とくに海軍の近代化がはかられ、李鴻章の江南製造総局や天津機器局、左宗棠の福州船政局などの官営の軍需工場や造船所が設立された。しかし、清朝政府にとって官営工場の設立は財政的負担が大きく、また政府資金だけでは資本不足であったので、しだいに民間資本を導入する方向に転換した。

民間資本を導入して設立された国設民営企業は「官督商弁《かんとくしょうべん》」企業とよばれ、李鴻章が一八七〇年代に設立した輪船招商局、開平鉱務局、上海機器織布局などが代表的な企業で、交通・通信インフラの整備にも力がいれられた。官督商弁企業の経営監督権は洋務派官僚にあったが、実際の経営にたずさわったのは上海商人を中心とする民間商人で、しだいに「官商合弁」企業の傾向がつよまり、盛宣懐《せいせんかい》や、コンプラドールの唐廷枢《とうていすう》、徐潤《じょじゅん》、鄭観応《ていかんおう》など信用力と情報力をもつ独立した大商人が資本家として経営にたずさわるようになった。

しかし、一八八四～八五年にベトナムの宗主権をめぐって清仏戦争に敗北すると、洋務派に対する批判はつよまり、官督商弁企業を中心とする産業育成政策の限界があきらかになった。こうして清仏戦争後から、ふたたび海軍を中心とする軍備の充実と重工業の育成政策がとられるようになった。李鴻章の北洋海軍はドイツ・クルップ社製の鉄甲艦定遠・鎮遠を擁する艦隊を充実させ、また長江中流域の武漢を本拠とする張之洞は、漢冶萍公司《かんやひょうこんす》を設立し、漢陽製鉄所、大冶《だいや》鉄山、萍郷《ひょうごう》炭鉱からなる重工業中心の一大コンビナートを展開した。

洋務運動は開明派の漢人官僚を中心に主体性をもっておこなわれた欧米協調型の近代化政策であったが、国内政治の中央部では保守派がつよい勢力を維持し、また督撫《とくぶ》など地方官僚の自立性もたかく、中央政府の財政は地方政府に依存し、近代ヨーロッパ的な中央集権国家の形成へむけた制度改革はすすまなかった。洋務派の近代化政策は、洋務派内部の権力抗争や洋務派官僚の個人的な利害関係に左右されることも多く、全体として政策的な組織性や体系性に欠けていた。したがって、マクロ的な経済政策の形成はむずかしく、民間の経済活動を保証する通貨・金融システムなど制度的な整備も資本市場の形成もすすまなかった。企業も伝統的な合股《ごうこ》の形態が中心で、効率的な近代的企業経営がおこなわれたわけではなかった。しかし、こうした限界はあったものの、長期的には近代的企業経営の形成にとって洋務運動のはたした開明的・啓蒙的な役割は大きく、試行錯誤の過程をへて一九二〇年代の中国の民族資本の発展につながったといえる。

朝貢システムの崩壊

一九世紀後半期のヨーロッパ的な条約体制とアジアの伝統的な朝貢体制が併存するアジアの秩序のなかで、清朝政府にとって朝貢国のベトナム、琉球、朝鮮との関係の維持は、対ロシア関係とならぶ重要な課題であった。こうした対外問題は一八七〇年代から八〇年代半ばにかけて急浮上してきた。

一八五〇年代末以降フランスはインドシナに進出し、六二年の第一次サイゴン条約でベトナムからメコン三省を割譲させ、六三年にはカンボジアを保護国化した。さらに七四年の第二次サイゴン条約、八三年のフエ条約をへて翌年にはベトナムを保護国化し、清仏戦争の結果むすばれた天津条約で、中国はベトナムに対する宗主権を実質的に放棄した。

琉球と朝鮮の帰属問題は、日清間の懸案事項であった。中国は無条約関係にあった日本と一八七一（明治四）年に日清修好条規をむすんだが、この条約は領事裁判権と最恵国待遇を相互に承認するという特異な平等条約であった。琉球について日本は、七九年の「琉球処分」により沖縄県を設置して日本統治下に編入したが、欧米諸国の承認を得られたわけではなかった。

一八七六年に日本は朝鮮と日朝修好条規（江華条約）をむすんで仁川、釜山、元山の三港を開港させ、朝鮮に通貨自主権の否定など不平等条項を強要した。これ以降、朝鮮における日本の勢力は拡大したが、中国は八二年に中朝商民水陸貿易章程を締結し、以降「夷を以て夷を制する」政策をとり、朝鮮にあいついで欧米諸国との通商条約をむすばせ、日本の進出を抑制した。朝鮮では開化派と守旧派の対立にくわえて、八二年の壬午事変（壬午軍乱）以降は日清間の対立がはげしくなった。日本は八四年の甲申事変でまきかえしをはかったものの失敗し、朝鮮をめぐる日清間の対立は日清戦争の伏線になった。

日清戦争の敗北から辛亥革命へ

朝鮮をめぐる日中両国の対立は、一八九四年の甲午農民戦争（東学党の乱）を機にたかまった。朝鮮政府と東学党とのあいだで和約がむすばれたにもかかわらず、日本は増援部隊を派遣して朝鮮の内政改革を要求し、日清戦争となった。翌九五年の下関条約のおもな内容は、朝鮮の自主独立の承認と朝貢の廃止、遼東半島および台湾・澎湖列島の日本への割譲（遼東半島はその後三国干渉により返還）、賠償金二億両《テール》（三億円）の支払、沙市・重慶・蘇州・杭州四港の開港、宜昌・重慶間の長江の航行権と上海・蘇州・杭州間の内水航行権の承認、開市・開港場における製造業の承認（内地工業権）であった。

日清戦争により朝貢体制は終焉し、東アジアにおける条約体制と朝貢体制の併存という二重の秩序は解消された。日本は清国からの賠償金で、日清戦費をまかなうとともに、その一部を金準備にあてて金本位制を確立し、「一等国」の仲間入りをはたした。当時の清朝政府の財政収入は年八〇〇〇万両余であったが、賠償金支払のために英独露仏と計三億両におよぶ借款契約をむすび、列強への金融的な依存関係がつよまった。中国は借款の担保として海関収入や鉄道敷設権・鉱山採掘権などの権益を許与し、これ以降欧米諸国による利権獲得競争がはじまり、九七〜九八年にかけてドイツが膠州湾、ロシアが旅順と大連、イギリスが威海衛と九竜半島(新界)、フランスが広州湾を租借し、イギリスは中国長江流域(華中)、フランスは中国南部(華南)、ドイツは山東省、ロシアは満州、日本は台湾と福建省、と各列強による中国における勢力範囲の設定がすすんだ。

日清戦後の中国の国内政治は、西太后の后派と光緒帝の帝派とのあいだで対立がつづき、混迷をふかめた。日清戦争の敗北により洋務派の近代化路線は批判され、康有為や梁啓超によって、明治日本をモデルとする議会の創設や責任内閣制度など欧米の政治制度の導入による「変法」(変革)の必要性が主張されるようになった。康有為の変法運動は開明的な官僚の支持を得て、九八年に光緒帝による「戊戌《ぼじゅつ》政変」として実現したが、短期日のうちに失敗におわり、康有為は日本に亡命した。

中国国内では排外主義的傾向がつよくなり、一九〇〇年に「扶清滅洋」をスローガンとする義和団事件がおきると、清朝政府はそれに同調して、日本、ロシア、イギリス、フランスなど八ヵ国に対して宣戦布告したものの敗北におわり、翌年北京議定書(辛丑条約)に調印し、四億五〇〇〇万両（三九ヵ年賦、元利合計九億八〇〇〇万両）の巨額の賠償金の支払や外国軍隊の北京・天津駐屯などを承認した。義和団事件後、清朝は科挙の廃止や教育改革、憲法大綱の発表などの政治改革や軍制改革をおこない、日露戦後は日本をモデルに立憲君主制の方向をめざした。民間レベルでは、地方の紳商や官僚を中心とする鉄道や鉱山の利権回収運動が展開され、孫文は民族・民権・民生の三民主義を主唱し、興中会や華興会などは中国同盟会を組織して革命運動が活発になった。一九一一年に清朝政府の鉄道国有化令を機に武昌で辛亥革命がおき、翌年南京に中華民国臨時政府が樹立され、孫文が臨時大総統になった。宣統帝溥儀は退位して清朝は終焉をむかえ、孫文にかわって袁世凱が臨時大総統に就任したが、以降中国は軍閥が割拠する時代をむかえた。

2　日　本——国民国家の形成と経済成長

「開国」から「開港」へ

一八五三（嘉永六）年にペリーが黒船四隻をひきいて浦賀に来航し、翌五四（安政元）年に日米和親条約がむすばれ、日本は「開国」した。この背景には、アメリカの工業発展にともなう灯火用鯨油の需要増加による北太平洋捕鯨業の発展、四八年のカリフォルニアでの金鉱発見にともなうフロンティアのアメリカ西海岸への拡大、蒸気船による対中国貿易のための太平洋横断航路の寄港地・石炭補給地の必要性などがあった。

日米和親条約にもとづいてタウンゼント・ハリスが来日し、通商条約の交渉がおこなわれ、五八年に、中国が同年欧米諸国とむすんだ天津条約をモデルに、日本は米蘭露英仏と修好通商条約(安政五ヵ国条約)をむすび、ヨーロッパの条約体制に参加した。この条約は、二〇〇年以上にわたり徳川幕府が支配してきた対外関係に終止符をうつもので、これ以降一八九九年の条約改正の実施まで日本の対外関係の基本的なフレームワークとなった。欧米諸国との条約は領事裁判権、協定関税、最恵国待遇の不平等条項をふくむものであったので、条約改正は明治政府にとって最大の外交課題になったが、徳川幕府が、「自由貿易」の原則をうけいれながらも、内地通商権を拒否したことの意義は大きかった。

こうして日本は、一八五九年に長崎にくわえて神奈川、箱館を開港して欧米諸国との居留地貿易がはじまり、さらに六八年には兵庫(神戸)と大坂、六九年には新潟と江戸の開港・開市がおこなわれた。居留地貿易は、外国商人の経済活動を開港場に制限して外国貿易と国内市場を分離する一種の管理貿易で、居留地は外国製品の輸入圧力を緩和するフィルターとして非関税障壁の役割をはたした。

貿易の開始とともに、海外需要の大きい生糸と茶が輸出され、製糸業や製茶業など輸出産業が急速に発展した。とくに生糸価格は急騰し、西陣や桐生など絹織物産地は大きな打撃をうけた。また生糸や茶など輸出品の生産地と開港場をむすぶあらたな流通ルートが形成され、生産地と直結するあたらしいタイプの貿易商人が登場し、従来の都市を中心とする伝統的な流通システムが再編された。主要な輸入品は、イギリス製の綿糸・綿織物の綿製品と毛織物などの繊維製品やアジア産の砂糖などであった。低関税の綿糸・綿織物の輸入急増で国内の棉作は大きな打撃をうけたものの、綿織物産地のなかには積極的に輸入綿糸に切り換えて生産を拡大する地域もみられた。

国際的に低価格であった日本の物価は国際水準に相応するように調整され、国内物価は平均して三倍に騰貴した。これは日本の「価格革命」ともよばれている。日本は金安銀高、海外は金高銀安であったので、貿易通貨である銀貨（一分銀）と交換で大量の金貨（小判）が海外に流出したとされるが、幕府は一八六〇年の万延の貨幣改鋳ですぐに金銀比価を国際水準にあわせたので、こうして流出した金貨は一〇万両強で、理論的に考えられるほど多くはなかった。

中央集権国家の形成と財政制度の確立

開港以降の急速な経済環境の変化と国内政治の流動化は徳川幕府の崩壊と一八六八年の明治新政府の成立をもたらしたが、持続的な経済成長が軌道にのる八〇年代までの時期は近代経済システムへの過渡期であった。近代日本は、一九世紀から二〇世紀半ばに非西欧地域で、しかも短期間で近代化に成功した唯一の例として特異な位置にある。

明治政府は、「万国対峙」の国際環境のなかで日本の国家的独立の維持と欧米諸国との対等関係の確立、そしてそのための中央集権国家の形成をめざした。明治政府は、徳川期の身分制度を廃止し、経済的諸制限を撤廃したものの、具体的な構想があったわけではなく、制度や法などの旧慣は継承された。明治政府にとって最大の課題は財政問題で、貢租徴収権と軍事権はひきつづき各藩が掌握し、政府の財政基盤は旧幕府領の年貢収入のみであったため、政府紙幣の発行や商人からの借入金に依存せざるをえなかった。したがって、明治政府は「富国強兵」や「殖産興業」をスローガンとしてかかげたものの、現実にはスローガン以上のものではなく、政府主導の近代化という議論は歴史的事実からかけ離れている。

明治政府は安定的な財政基盤を確立するために、版籍奉還（六九年）と廃藩置県（七一年）を実施して中央集権的な政治体制を確立し、各藩のもつ貢租徴収権と軍事権を掌握したうえで、土地・税制改革である地租改正事業(七三〜八一年)を実施し、私的土地所有権にもとづいて地租を地価の三%に固定して歳入の安定化をはかるとともに、秩禄処分(七六年)で政府財政の重い負担になっていた旧武士層に対する家禄の全廃などの措置によって歳出を削減し、安定的な財政基盤を確立した。同時に、明治政府が、エジプトやトルコのような欧米諸国による金融支配や植民地化の懸念から、財政収支の赤字や外債の発行・外資の輸入に対してきわめて慎重で、基本的に外資排除の方針をとったことも特筆されてよい。

産業政策と近代経済成長の開始

明治政府は、西欧の諸制度を積極的に導入する欧化主義的な近代化政策を推進したが、明治政府に財政的な余裕はなかったために、重点はもっぱら「富国」政策におかれた。政府がとくに力をいれたのは、交通・通信などインフラの整備と通貨・金融システムなど産業化のための制度設計であった。西欧の近代産業の導入は工部省(一八七〇年創設)による官営模範工場の設立としてこころみられたが、そのデモンストレーション効果は大きかった。工部省興業費の九〇%強は、鉄道・鉱山・通信事業にむけられた。西欧技術の移転と普及に際しては工部大学校(七七年設立)の技術教育など御雇外国人の役割が大きかったが、同時に徳川期以来民間で継承されてきた鍛冶や大工など地域の職人の技能も大きな役割をはたした。

近代日本の産業化のグランド・デザインの構築には、七一年末から一年一〇ヵ月にわたり派遣された岩倉使節団の米欧視察が大きな意味をもった。なかでも副使の大久保利通にとって印象的であったのは、イギリスの石炭と鉄による経済的繁栄の背後にある鉄道や道路などのインフラ整備と海運業の保護育成政策であった。こうしたイギリスをモデルとする産業政策は、征韓論争後の大久保政権のもとで、「内地充実」と「民業振興」を軸に海運業における三菱への助成策や東北地方の開発事業として実行にうつされた。貿易収支の逆調と正貨の流出が継続するなかで、「輸出振興・輸入防遏《ぼうあつ》」政策にそって、製糸業など輸出在来産業の振興と綿糸・綿布や砂糖など主要輸入品の代替化がはかられたが、期待した成果はあがらず、また政府事業も最終的には民間に払い下げられた。

明治一四年の政変(一八八一年)で大隈重信が政府から追放され、伊藤博文を中心とするあらたな政治体制が成立し、大蔵卿には松方正義が就任した。この一八八〇年代前半の松方財政とよばれる時期が、日本の近代経済成長への転換期であった。松方は、西南戦争(一八七七年)を機とする政府紙幣の大量発行にともなう経済の混乱を、均衡財政政策のもとで紙幣整理と正貨準備の充実を同時にはかるデフレ政策をとった。他方、八二年には日本銀行の設立によって近代的な通貨・金融システムを確立し、通貨の安定をはかった。松方財政期には、朝鮮における日清両国の対立を背景に、海軍拡張費を中心に軍事費が膨張したが、農村部では農産物価格の下落により地租の負担が実質的に過重となったために、農民のなかには農地を売却して自小作や小作農になったり、都市に流出して潜在的な賃労働者層を形成するものも多かった。他方、商人や地主層はこうした土地を取得するなどして資産を形成し、産業投資の資金となった。

松方財政によって通貨と物価が安定し、また日本銀行を頂点とする金融システムも形成され、持続的な経済成長のための環境がととのった。こうして八〇年代後半には日本鉄道や大阪紡績など鉄道や綿紡績業を中心に第一次企業ブームをむかえ、近代産業だけではなく在来産業の規模も拡大したが、新規に設立された企業のなかには泡沫的なものも多く、九〇年には金融逼迫から株価が暴落し、企業ブームは終焉をむかえた。

こうした産業の発展にともなって、産業用エネルギーはしだいに薪炭や水力から石炭にシフトした。大阪や東京など都市立地型の綿紡績業では、生産の拡大とともに煤煙や水質汚染などの都市の公害問題が表面化し、また輸出用の生産が増加した産銅業では、八〇年代半ば以降足尾銅山や別子銅山の精錬過程で排出される亜硫酸ガスによる煙害などの環境汚染問題が大きな社会問題になった。

日清・日露戦争と国際収支の危機

日清戦争で清国に勝利した日本は、列強の仲間入りをはたし、九七年には日清戦争の賠償金をもとに金本位制を採用し（英一ポンド＝九・七六円）、さらに九九年には条約改正が実現して、欧米諸国と対等の関係にたった。金本位制への移行により円はポンドを基軸とする国際通貨システムにリンクし、円為替の安定化で対外信用もたかまったが、関税自主権の完全回復は一九一一年をまたなければならなかった。

日清戦争は東アジアの国際環境を大きく変化させ、日中両国のその後の歴史の分岐点になった。日清戦後には日清戦後経営とよばれる軍備拡張を中心とする総合的経済政策が展開され、政府主導で八幡製鉄所の設立や、造船奨励法や航海奨励法、鉄道国有化など運輸・通信設備の拡充がはかられた。こうした積極財政政策により政府の財政規模は拡大し、日本は外資排除から外資導入と外債発行へ方針を一八〇度転換し、また産業資金の調達のために日本勧業銀行や日本興業銀行など政府系の金融機関が設立された。

一九〇四年にはロシアの満州占領に反対する英米の支持を得て日露戦争の開戦となったが、日本にとって二〇億円にのぼる戦費の調達は容易ではなく、そのうち三五％を英貨公債の発行で調達した。ロンドン金融市場で外債発行が可能になった背景には、一九〇二年の日英同盟の締結が大きな意味をもった。日露戦争はポーツマス条約で終結をむかえ、日本は、朝鮮を保護国化したものの、日露戦争を機に財政規模はさらに膨張した。しかし、軍備拡張や産業開発などのための財源確保はむずかしく、入超による在外正貨の減少がつづき、「一等国」の証明である金本位制の維持も容易なことではなかった。日露戦時外債の償還は日本に重くのしかかり、政府外債の発行も限界に達し、政府は東京や横浜など地方自治体に地方外債を発行させて在外正貨の補充をはかったが、正貨準備の枯渇は時間の問題であった。一九〇五年に一四億円であった外資輸入現在高は、一三年には二〇億円に増加し、政府債務額の対GNP比も日露戦争以降六〇～七〇%に達した。当時の日本には「一等国」を維持できるだけの十分な経済力もなく、国家財政の破碇は現実の問題になりつつあった。こうして国際収支の危機に直面していた日本にとって、第一次大戦の勃発はまさに「大正新時代ノ天祐」(元老井上馨)であった。

3　タ　イ――国家的独立の維持と近代化政策

通商条約の締結

タイは、一九～二〇世紀前半の欧米諸国の進出に直面しながらも、中国や日本とならんで国家的独立を維持しつづけた国であった。タイは一八二六年にイギリスとバーネイ条約、さらに三三年にアメリカと通商条約をむすんで貿易を開始した。王室による貿易の独占とチーク材や砂糖など中国とのジャンク貿易も継続しておこなわれ、貿易の増加によりタイは経済的盛況の時代をむかえた。

タイの近代化を推進した啓蒙君主として名高いのは、ラーマ四世(モンクット王、在位一八五一～六八年)である。ラーマ四世は五一年に即位すると、アヘン戦争やイギリスによる下ビルマの併合など国際環境の変化から鎖国政策のむずかしいことを認識し、タイの国家的独立の維持のために開国政策に転換し、五五年にイギリスと自由貿易の原則にもとづくバウリング条約を締結した。このラーマ四世は、子女教育のためにイギリス人女性を家庭教師にまねき、マーガレット・ランドンの『アンナとシャム王』やミュージカル映画「王様と私」のモデルとしても知られている。

タイは、一八五六年以降フランスなど欧米諸国とあいついで通商条約を締結し（日本との通商航海条約の締結は一八九八年）、イギリスやフランスは治外法権とすべての港における貿易権と居住権を獲得し、関税は輸入税が従価三％、輸出税が従価五％にさだめられ、また王室による米や木材などの貿易の独占は廃止された。通商条約の締結によりタイは世界経済に統合され、米輸出を中心に国際分業体制の一環を構成し、チャオプラヤ河デルタ地域の大規模な新田開発による米の生産と輸出の急増は、タイの伝統的な社会経済システムの再編をもたらすことになった。

チュラロンコンの時代

ラーマ五世（チュラロンコン王、在位一八六八〜一九一〇年）は、父のラーマ四世をついで、西欧式の積極的な近代化政策を推進した。在位期間も明治天皇とほぼ重複する。ラーマ五世下での一連の改革は総称してチャクリ改革とよばれる。ラーマ五世は、大蔵省や司法省などの顧問として欧米人の御雇外国人を雇用するなど、七〇年代以降も継続して財行政・司法・軍制・教育など広範な制度改革をおこない、海外への留学生の派遣による人材育成や奴隷制の廃止も実施した。エリート層中心の社会構造に大きな変化はなかったが、八〇年代半ばには国王を中心とする中央集権的な政治体制が確立し、日本をモデルとする立憲政体にもとづいて、近代国家建設のための本格的な行財政改革が推進された。八〇年代には、電信や鉄道などインフラ整備がすすめられた。灌漑・排水設備の整備によるチャオプラヤ・デルタの水田開発によって、米の生産と輸出が増加し、タイの経済は発展した。しかし、二〇世紀にはいると、国家的独立の維持にとって、灌漑投資よりも鉄道建設や軍備の充実がより重要な課題となった。

一九世紀半ば以降のタイでは多くの経済変化がみられ、米の生産と輸出は貿易のエンジンであったものの、二〇世紀半ばまでのタイ経済は低成長にとどまった。その理由は、未可耕地が豊富にあったうえに、比較優位をもつ米生産の拡大にともなう労働力の不足は中国人移民の流入でおぎなわれたので、農業の生産性上昇の必要もなく、一人当りの所得も上昇しなかったことによる。また人口規模は小さく、成長も緩慢なうえに、国内市場の規模も小さく、鉄道をのぞく交通通信インフラの形成もかぎられていた。貿易は基本的に輸出超過で、輸入は米の生産と輸出に規定された。また、銀行など金融システムの構築も遅く、近代産業もセメントなどにかぎられ、近代経済成長のための十分な基盤は形成されなかった。戦間期においても有業人口の四分の三は農業に従事しており、中国人労働者は短期の移民が多く、精米所のほか運河や鉄道などインフラの建設の労働力となった。

タイは英仏両国の進出に挟撃されながらも、国内の近代化をはかり、たくみな外交政策を展開して「緩衝国家」として中立化政策をとり、一部領土の割譲など譲歩を余儀なくされながらも植民地化の危機を回避し、独立を維持した。一八六七年にはフランスの軍事的圧力によりカンボジアをフランスの保護国として承認し、九三年のフランス・シャム条約でメコン河左岸などを放棄した。一八九六年の英仏共同宣言では緩衝地帯としてタイの独立の維持は確認されたものの、タイは一九〇四年にはメコン河右岸三州をフランスに譲渡し、〇七年にはラオスに対する宗主権を放棄しなければならなかった。

一九〇二年に金本位制の導入がこころみられ、最終的にタイは〇八年に英一ポンド＝一三・〇バーツで金本位制に移行した。しかし、通商条約により関税引上げが不可能であったばかりでなく、外国借款による植民地化に対する危機感もつよく、不平等条約の改正は継続してタイの外交課題であった。一九〇九年にマレー半島のケダやケランタンなど四州のイギリスへの移譲とひきかえに国内の治外法権の撤廃は実現されたが、関税自主権の回復は二七年をまたなければならなかった。こうした英仏両国などによる政治干渉のリスクのために、三二年の立憲革命にいたるまで政府財政の三〇％弱が国防費にあてられたので、政府の財政金融政策は保守的になり、また政府によるインフラや教育の国内投資をいちじるしく制約することになった。

この時期のアジアで国家的独立を維持できたのは、本章でとりあげた中国、日本、タイのほかにはペルシア(イラン)であった。ペルシア(カジャール朝)は、英露抗争のなかで、周辺地域の割譲を余儀なくされながらも独立を維持した。

第六章　アジア経済のモノカルチャー化と再編

1　アジアの世界経済への統合化──中国・日本・インド

一次産品貿易の拡大と国際的銀価低落

一九世紀後半には「パクス・ブリタニカ」の世界貿易の安定的拡大と多角的決済機構の形成のもとで、アジア経済も自由貿易にもとづく国際分業体制のなかに統合されていった。アジアは、欧米市場向けの農産物や鉱産物など一次産品の輸出地域として急成長をとげると同時に、特定の輸出向け生産に特化する植民地的なモノカルチャー経済が拡大・強化され、一次産品の輸出と完成品の輸入という植民地型の貿易構造が共通してみられるようになった。皮肉なことに、植民地化の進展は、アジア地域の輸出貿易の急成長の時期でもあった。とくに東南アジアは米、砂糖、錫、石油などの農産物や鉱産物の供給地として貿易収支は輸出超過で、輸出の五〇～六〇％がヨーロッパに、三〇～四〇％がアジア域内にむけられ、杉原薫は、一八八三～一

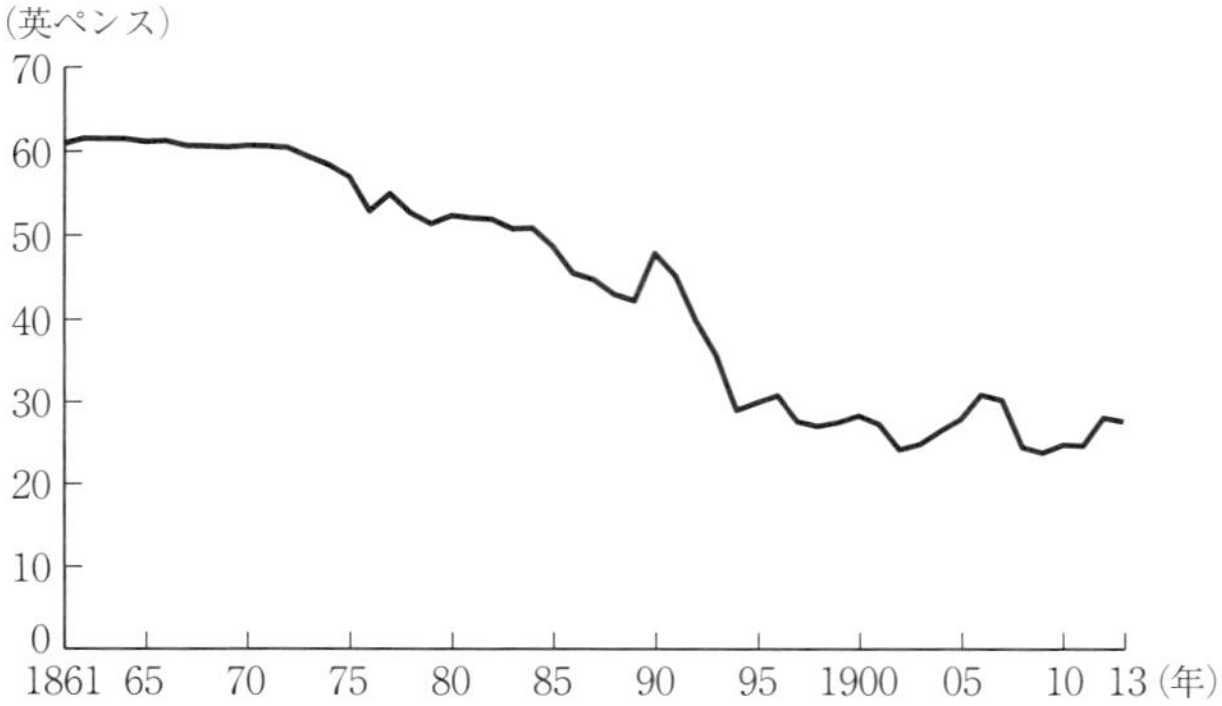

図3　国際的な銀価低落(銀1オンス当り価格)

資料）1861〜93年は「貨幣制度調査会報告」; 1894〜1913年はA. J. H. レイサム(川勝平太・菊池紘一訳)『アジア・アフリカと国際経済 1865-1914年』(日本評論社, 1987年), 208頁より作成.

九一三年のアジア間貿易の年平均成長率を五・五％と推計し、対欧米諸国貿易の成長率よりもたかかったことを強調している。

一八七〇年代に欧米の主要国が金本位制に移行すると、世界的な銀産出量の増加にくわえて各中央銀行が金準備として金を購入し、同時に保有銀を市場に放出したために国際的な銀価低落がおきた(図3)。銀本位制のアジア地域にとって銀価下落は円・両《テール》・ルピーなどの通貨安を意味したので、理論的には欧米の金本位制国への輸出には有利に作用したと想定されるが、アジア地域間の競争もはげしく、その効果については疑問の余地がある。

銀本位制のアジアのうち、一八九〇年代にインドと日本、一九〇〇年代にはタイが金本位制に移行したが、中国では一九三五年の幣制改革まで銀本位制が維持された。

中国と日本の貿易

日中両国の貿易収支をみると、中国は一八八〇年代半ば以降輸入超過に転換し、日本は六〇年代には輸出超過であったが、明治政権の安定化とともに輸入超過が基調となった。主要な貿易相手国はともにイギリスで、中国の場合はインドからの綿糸やアヘンの輸入も多く、イギリスとインドで輸入額の約半分をしめた。両国ともに、主要輸出品は生糸と茶、主要輸入品は綿糸・綿布など繊維製品を中心とする工業品とアジア産の砂糖で、共通した貿易構造をもっていた。一九世紀後半には、日本の場合、生糸と茶で輸出額の五五％、繊維製品と砂糖で輸入額の四〇〜六〇％をしめ、中国の場合には生糸と茶で輸出額の七〇％、綿糸・綿織物で輸入額の四〇％をしめた。

そのほか鉱物資源にめぐまれていた日本からは、蒸気船の燃料として石炭がアジア市場に、絶縁用材として銅が欧米市場に輸出された。中国からは棉花をはじめ大豆、胡麻、桐油など原料品の輸出が増加したが、輸入ではアヘンが輸入額の三〇％をしめ、二〇世紀にいたるまで重要な輸入品であった。一八九〇年代になると、日本の綿紡績業の発展によって、中国や朝鮮向けの綿糸輸出が増加し、日本はしだいにアジア域内で工業国としての位置をしめるようになり、それにともなってアジア域内貿易の構造も変化した。

一九世紀半ばのヨーロッパでは蚕の微粒子病の影響で生糸の生産が減少していたので、アジア産の生糸はロンドン経由でフランスやイタリアなどヨーロッパの絹織物産地に再輸出された。八〇年代になるとアメリカで力織機による広幅絹織物の生産が増加したために、中国糸より均一で強度のある日本糸はアメリカに輸出されるようになったのに対して、中国糸は手織機主体のフランスに輸出され、日本糸と中国糸のあいだで市場の棲み分けがみられた。中国茶に対する需要はたかかったが、日本茶はアメリカ市場に輸出されたものの、緑茶市場の拡大には限界があり、一九世紀末には粗製濫造やコーヒー、紅茶、ココアなど他の嗜好飲料との競争にやぶれて、市場を失った。

英領インドの貿易

英領インドは、イギリス産業の市場であると同時に、棉花、ジュート、紅茶、穀物、油性種子など輸出用農産物の生産地として経済開発がおこなわれた。一九世紀半ばには、ガンガー用水路をはじめとする灌漑設備の建設や修復とともに、鉄道や電信などのインフラの整備が急速にすすんだ。一八四五年にはボンベイを起点とする大インド半島鉄道とカルカッタを起点とする東インド鉄道が設立され、五〇年代になると鉄道建設が本格化した。こうした鉄道建設は、イギリス東インド会社による土地の無償供与と二〇年間五％の利子保証が大きな誘因となり、内陸部の輸出用農産物の生産地とカルカッタ、マドラス、ボンベイなどの港湾都市をむすぶ鉄道が敷設され、鉄道延長距離は七〇年には五〇〇〇マイルをこえた。また一八五〇年代半ばには主要都市間をむすぶ電信ネットワークが完成し、六五年にはコンスタンティノープル経由でイギリス・インド間は電信でむすばれた。近代産業もあいついで勃興し、五四年にボンベイに最初の本格的な紡績工場が設立されて以降、ボンベイを中心に綿工業などの産業が発展し、鉄鋼のタタ財閥やジュートのビルラ財閥など民族企業の成長がみられた。一九〇七年に設立されたタタ鉄鋼会社（ＴＩＳＣＯ）は第一次大戦を機に急成長し、鋼製レールを生産した。二〇年代半ばまでに、同社の年間生産能力は銑鉄六一万トン、鋼鉄五八万トンに増加した。

イギリスの帝国財政にとって、インドは重要な意味をもっていた。第一次大戦前のインドは、イギリスの政府公債や鉄道証券の利子など対インド投資の利子・配当金や陸海軍関係費を中心とする本国費の支払など巨額の対イギリス支払超過を、対欧米およびアジアとの商品貿易の受取超過でカバーする構造になっていた。そのためにインドの貿易収支は一八六〇年代末以降も輸出超過がつづいていたが、主要輸出品である農産物はしだいに国際市場での価格変動に左右されるようになった。とくに一八七三年以降は銀価下落によりルピーの対外価値が低下したので、本国費の支払はインド財政にとって大きな負担となったが、輸出拡大によって輸出超過を維持しなければならなかった。インドは、一八九三年に銀貨の自由鋳造を廃止して金為替本位制に移行し、九九年にはイギリスからの投資や輸入に有利になる一ポンド＝一五ルピーというポンド安ルピー高のレートが設定された。

2　東南アジア島嶼部の経済開発

外国資本による経済開発

東南アジアは文化的(民族・宗教)にも環境的(地理・生態)にも多様性をもつ地域で、大きく島《とう》嶼《しょ》部と大陸部にわけられる。この地域では小王国が乱立して抗争をくりかえし、ヨーロッパ諸国の政治介入もあって、容易に国民国家の形成にむかわなかった。イギリスの外交官ファーニヴァルは蘭領東インドをインドネシア人、中国人、ヨーロッパ人の異なった経済的・社会的秩序が併存する「複合社会」、オランダの経済学者ブーケは「二重経済」と特徴づけているが、こうした社会構造は東南アジア島嶼部では共通してみられた。

アジアにおけるヨーロッパ諸国の植民地政策は、イギリスやオランダの植民地のように一九三〇年代初めまで自由貿易政策がとられた地域と、仏領インドシナのように保護政策がとられた地域とが対照的であった。蘭領東インドや英領マラヤでは、植民地工業化のために保護貿易政策がとられることはなく、植民地は宗主国への輸出市場として位置づけられたので、現地での民間企業の利益はそのまま本国に還流したと考えられる。

表5　東南アジアにおける外国直接投資額

（単位：100万ドル）

	1914	1930	1937/39
蘭領東インド	675	1,600	1,411
英領マラヤ	150	447	372
フィリピン	100	300	315
仏領インドシナ	75	225	302
ビルマ	75	210	225
タ　イ	25	75	90
計	1,100	2,887	2,715

資料）H. G. キャリス（日本国際協会・太平洋問題調査部訳）『東南亜細亜における外国投資』（同盟通信社，1942年），および J. T. Lindblad, *Foreign investment in southeast Asia in the twentieth century* (Macmillan Press, 1998) より作成.

注）華僑による投資はふくまれていない.

輸出貿易額を比較すると、蘭領東インドと海峡植民地が多く、大陸部の輸出額は相対的にすくない。また資本投資額（推定）をみると（表5）、蘭領東インドと英領マラヤが多く、蘭領東インドでは石油、ゴムおよび砂糖のプランテーション（一九三〇年には民間企業投資額の約五〇％）、英領マラヤでは錫鉱山の開発とゴムのプランテーションが主要な投資先であった。華僑による投資の実態は判然としないが、商業投資を中心にタイや英領マラヤで多く、一九三〇年代には投資総額の四〇％にのぼると推定されている。香港上海銀行、オランダ商業銀行（NHM、一八二四年創立）、チャータード銀行、インドシナ銀行などのヨーロッパ系銀行は東南アジアの主要都市に支店や営業所を開設し、鉄道投資やプランテーションへの融資のほか、為替・送金業務など東南アジアの金融で大きな役割をはたした。また中国系の銀行も、現地での融資や小口の信用供与、華僑送金などで重要な存在であった。

マラヤの錫鉱山の開発とゴム・プランテーション

イギリスは一七八六年にペナンを占領したが、九五年にフランス革命の影響をうけてオランダがフランスに併合され、親仏的なバタヴィア共和国（〜一八〇六年）が成立すると、オラニエ公ウィレム五世はイギリスに亡命し、海外のオランダ植民地はイギリスの統治下に編入されることになった。東南アジアにおけるイギリス権益の拡張に熱心であったイギリス東インド会社書記のスタムフォード・ラッフルズは、インド総督ミントー卿を説得して、一八一九年にシンガポールをイギリスの保護下におき、シンガポールは自由港として、ヨーロッパ貿易とアジア域内貿易の中継港として急速に発展した。ナポレオン戦争の終了とともに、イギリスの占領地はオランダに返還され(ロンドン協定)、一二四年の英蘭協約で、マラッカ海峡を境界にしてアジアにおける両国の勢力範囲が確定された。スマトラはオランダの勢力範囲となり、イギリスは二六年にペナン、マラッカ、シンガポールをあわせて海峡植民地とし、六七年には直轄植民地にした。

マレー半島における錫鉱山の開発は、一八四八年に西海岸のペラで錫鉱床が発見され、中国商人が中国人の移民労働者を雇用して露天掘りによる採掘をおこなうようになった。しかし、鉱山開発がすすむにつれて鉱業権などの利権をめぐって中国人の秘密結社である「会党」相互間の武力対立(「械闘」)がはげしくなり、マラヤの諸王国内の内紛もかさなって政治的混乱が生じた。イギリスは政治介入の方針に転換し、七四年のパンコール協約で錫生産地であるペラ王国の行財政を実質的に掌握し、九六年にはペラやセランゴールなど四王国を保護州(マラヤ連邦州)に、さらに一九一四年に残りの王国を統合してマラヤ非連邦州とし、海峡植民地とあわせて英領マラヤが成立した。

一九世紀後半になり欧米諸国で食糧用缶詰や石油缶などにつかわれるブリキの需要が急増すると、原料の錫に対する需要がたかまった。錫生産は労働集約的な産業であったので、広東省や福建省から渡航費の前貸によって単身の中国人の債務移民労働者があつめられ、シンガポールやペナン経由でペラやセランゴールの錫鉱山に送られた。一八九〇年代以降になるとゴーペン社など英コーンウォールの錫鉱業企業をはじめとするヨーロッパ系資本が進出し、植民地政府は錫鉱山地域と港湾都市とをむすぶ鉄道などインフラの整備に力をいれた。マラヤの錫生産量は、一八八〇年の一万一七〇〇トンから九五年には四万九六〇〇トンに増加し、それ以降第一次大戦まではほぼ五万トン前後で、世界の生産量の約半分をしめた。錫生産は中国人が掌握し、中国人の錫鉱山経営者のなかには、葉亜来《しょうあらい》のように成功するものもあらわれた。ヨーロッパ系企業は、当初製錬部門を掌握したにすぎなかったが、一九一〇年代の大規模な浚渫《しゅんせつ》製錬技術の導入以降錫生産でも技術的に優位にたち、中小規模の企業では中国系企業が継続して一定の位置をしめたものの、二〇年代末には中国系企業の生産量を凌駕した。

二〇世紀になると、錫とならんでゴムに対する需要が急増した。一九世紀末からアメリカを中心に自動車産業の急速な発展（一九〇三年にフォード社とビュイック社、〇八年にGM社創立。T型フォードの大量生産開始は〇八年）にともなってタイヤ製造用のゴム需要が急増し、マラヤやスマトラでイギリス系資本による大規模なゴム栽培がおこなわれるようになった。マラヤのゴム栽培は一九世紀末からはじまり、ゴム価格の急騰と地税の免除など植民地政府による優遇政策や道路・港湾・鉄道の交通インフラの整備によって急速に発展した。一九〇九〜一〇年にはゴム・ブームをむかえ、一〇〇％以上の高配当率を記録する企業もあった。ハリソンズ＆クロスフィールド商会やガスリー商会などイギリス系商社が経営代理会社《エイジェンシー・ハウス》としてゴム栽培に進出し、大規模なプランテーションを展開した。栽培面積は一九〇〇年の五〇〇〇エーカーから一〇年には五四万エーカー、二〇年には二一八万エーカーに達し、生産量は一九一〇年の五七〇〇トンから二〇年には一七万トンに増加して、世界の天然ゴム生産量の五〇％をしめた。

天然ゴムは、ゴムノキから採取した樹液ラテックスを凝固させて製造するが、ゴムの樹液の採取には大量の労働者を必要とした。ゴム・プランテーションの労働者の大部分はインド南部のタミル系インド人で、カンガーニとよばれる会社の親方(現場監督)請負人が主に同郷的な伝手をつかって募集した三〜五年の自由契約移民であった。中国人経営の小規模のゴム農園も急速に拡大し、生産されたゴムの集荷などの流通は中国商人がになない、シンガポールの陳嘉庚《ちんかこう》のようにゴム園経営で資産をきずく中国人もいた。

こうしてマラヤでは、中国商人やイギリス系資本の進出とアジア系労働者により錫鉱山の開発やゴムのプランテーションがおこなわれ、第一次大戦前には輸出額の九四％を錫とゴムがしめ(表6)、錫とゴムの生産と輸出に特化したモノカルチャー経済が形成された。

表６　東南アジアの輸出額にしめる主要輸出品のシェア

（単位：%）

	主要輸出品	1909〜11 年平均	1934〜36 年平均
英領マラヤ	錫・錫鉱石	62.3	19.9
	ゴム	31.6	45.7
蘭領東インド	砂糖	33.2	7.7
	タバコ	11.4	7.1
	石油	8.6	19.2
	ゴム	1.3	16.8
	錫・錫鉱石	1.2	7.8
英領ビルマ	米	65.4	41.5
	石油	11.1	n.a.
	電機動力・加熱器具	n.a.	25.8
タ　　イ	米	82.4	55.4
	錫・錫鉱石	8.1	15.4
	ゴム	n.a.	8.9
仏領インドシナ	米	62.4	47.1
	玉ねぎ	n.a.	16.0
	ゴム	n.a.	11.7
フィリピン	マニラ麻	42.9	10.9
	砂糖	22.1	47.0
	コプラ	n.a.	10.1

資料）1909〜11 年は山田秀雄『イギリス帝国経済史研究』(ミネルヴァ書房，2005 年)，335 頁，蘭領東インドは加納啓良『現代インドネシア経済史論』(東京大学東洋文化研究所，2003 年)，30 頁；1934〜36 年は，南洋協会編『南方圏貿易統計表』(日本評論社，1943 年)より作成.
注）英領ビルマの 1934〜36 年は，1935〜36 年平均.

蘭領東インドの砂糖・ゴムのプランテーションとスマトラ島の経済開発

一六八〇年代までにオランダ東インド会社の経営は、マタラムやバンテンなどジャワやスマトラ周辺の諸王国の内乱にともなう軍事介入と支配地域の拡大による軍事費の増加によって悪化した。また英仏両国との貿易競争もはげしく、オランダは第四次英蘭戦争（一六八〇〜八四年）の敗北で決定的な打撃をうけた。こうしたなかで一七世紀末に香辛料にかわる輸出用農作物の価格や数量を会社が一方的にきめて供出させる義務供出制度が導入され、一八世紀になるとジャワ西部のプリアンガン地方でコーヒーの栽培が開始され、オランダはヨーロッパ市場の市況におうじて買入価格や供出割当量を調整して利益の確保をはかるようになった。

一八世紀になってもマタラム王国の継承問題をめぐる三次にわたるジャワ継承戦争やバンテン王国の内乱、さらに中国人虐殺事件などジャワ全土に混乱が拡大し、一七七七年にオランダ東インド会社はジャワ全土を支配下においた。オランダは、こうした領土支配の拡大にともなう財政の悪化にくわえて、ヨーロッパの政局にも翻弄された。一七九五年にバタヴィア共和国が成立すると、九八年に旧体制の象徴的存在であったオランダ東インド会社は解散させられ、オランダ東インド政庁が統治を継承した。このときのオランダ東インド会社の負債は一億三四七〇万フローリンにのぼったという。

イギリスが一八一一～一六年に一時的にジャワを領有したときに植民地経営にあたったのは、副総督のラッフルズであった。ラッフルズは、土地税の導入など土地・税制改革をおこない、ヨーロッパ人による農園経営を奨励したので、かれらはジャワの王族や領主と借地契約をむすんでプランテーション経営をおこなった。一八一六年にジャワ統治がオランダに返還されたのちも一部の政策はオランダにひきつがれたが、スマトラ島西部のパドリ戦争(一八二一～三七年)や、ジャワ戦争(一八二五～三〇年)がつづき、オランダ東インド政庁は巨額の軍事費の支出を余儀なくされた。

一八三〇年にはフランス七月革命の影響をうけてベルギーが分離独立したため、オランダは国土と国民のほぼ半分を失い、オランダ本国の財政再建のために最大の植民地であった蘭領東インドに対する依存度がたかまった。こうしてオランダのジャワ支配は、一八三〇年以降東インド総督ファン・デン・ボスのもとで義務供出制度が拡大・強化され、植民地政庁が買上価格と生産量を一方的にきめて、コーヒー(西部ジャワ)、サトウキビ(中東部ジャワ)、藍などヨーロッパ市場向けの輸出作物を強制的に生産させる強制栽培制度がおこなわれるようになった。強制栽培制度は農民の土地と労働力の強制的な提供によるもので、ジャワ農民の負担は増加し、食糧の需給バランスがくずれて飢饉がおきたが、市場経済化が促進され、村落行政や農民生活に変化がみられた。

一九世紀半ばからは自由主義政策への転換がはじまり、六〇年代以降、強制栽培制度は漸次撤廃された。一八七〇年の農地法と翌年の地代法により土地利用が法制化され、植民地政庁により鉄道・港湾や灌漑施設などインフラ整備がすすめられた。こうした自由主義政策への転換にともなって、オランダ貿易会社や蘭印商業銀行などみずから農業資金の融資と経営をおこなうクルチュールバンクとよばれるオランダ系の民間企業が、大規模な砂糖プランテーションを展開した。生産された砂糖の流通は中国商人がにない、労働力はジャワ島内から調達された。ジャワ糖の輸出先は二〇世紀にはいるとヨーロッパから急速にアジア市場にシフトし、なかでもインドが重要な市場になった。一八七〇年代には砂糖とコーヒーで輸出総額の約七〇%をしめ、ジャワは輸出品生産への特化と市場経済の浸透によって、七〇年代前半には米輸入地域に転換した。一九一〇年以降になるとジャワのゴム栽培が急速に発展し、一四年のゴム栽培面積は五〇万エーカー、輸出量は一万九〇〇〇トンに達し、二〇年代半ばには生産量は一六万トンに増加し、マラヤに匹敵するまでになった。

植民地の財政収入からオランダ本国への送金額は、一八三一〜七七年に八億三二四〇万フローリンにのぼり、本国政府の負債の償還や鉄道建設、軍備拡充にあてられた。オランダはアチェ戦争(一八七三〜一九一二年)以降、スマトラ島をはじめジャワ島以外の外領への支配権を拡大したが、強制栽培制度によりジャワの農村の疲弊と民衆の窮乏化はいちじるしくなり、一九世紀末からジャワ各地で農民反乱が頻発したので、一九〇〇年の不況を機に植民地政府は灌漑・教育など住民の福祉向上をはかる「倫理政策」に転換した。

オランダの勢力範囲にはいったスマトラ島の経済開発は一八七〇年頃からはじまり、二〇世紀になると、イギリス系資本など非オランダ系資本による大規模なゴム・プランテーションがおこなわれるようになり、労働力はインド南部の労働者や中国の債務移民を中心にあつめられた。そのほか、スマトラ島ではタバコの栽培がおこなわれ、また南スマトラ沖のバンカ島やビリトン島では一九世紀半ばから錫の採掘が開始された。スマトラ南部では一八八〇年代に油田開発がはじまり、九〇年にロイヤル・ダッチ石油が設立され、同社は、アメリカのスタンダード石油との対抗上、一九〇一年に石油輸送を委託していたイギリスのシェル(一八九七年設立)と生産協定をむすび、さらに〇七年に事業提携して蘭英合弁のロイヤル・ダッチ・シェルとなった。

蘭領東インドの貿易はオランダなどヨーロッパからの輸入を中心にしていたが、しだいにジャワ糖の輸出などアジアとの貿易が増加し、一九世紀末にはジャワの砂糖、コーヒー、タバコで輸出額の約七〇％、第一次大戦前には砂糖、タバコ、石油、錫で五八％、さらに一九三四〜三六年には石油、ゴム、錫、砂糖、タバコで五九％をしめるようになった（表6／一五六頁）。

ここで、フィリピンについてもふれておくと、フィリピンは、米西戦争（一八九八〜一九〇二年）以降、他の東南アジア諸地域とは異なり、アメリカの保護関税法の適用と対米自由貿易協定で対米依存の貿易構造が強化された。フィリピンは、船舶用ロープのマニラ麻と砂糖の生産と輸出に特化したモノカルチャー経済となった（表6／一五六頁）。

3　東南アジア大陸部の水田開発

イギリスのエーヤワディー・デルタ開発

東南アジア島嶼部における欧米市場向けの一次産品の生産と併行して、一八五〇〜六〇年代から大陸部の英領ビルマ、タイ、仏領インドシナの三大河川デルタ地域を中心に米生産を中心とする経済開発がみられた。その直接的な背景には、インドの大反乱やアメリカの南北戦争でインド米やカロライナ米のヨーロッパ向け供給量が急減し、米価が高騰したことによるが、長期的にはスエズ運河の開通や蒸気船の普及と海上運賃の低下で、米の貿易が経済的にみあうものになったことがあげられる。

ビルマのコンバウン朝は第一次および第二次英緬戦争(一八二四〜二六、五二年)の結果、下ビルマのイギリス領への併合を余儀なくされ、六二年にはイギリスとコンバウン朝(上ビルマ)とのあいだで通商条約がむすばれた。上ビルマはビルマ史上もっとも賢明とされるミンドン王(在位一八五三〜七八年)が五三年のクーデタで王位につき、イギリスに対抗して独立国としての地位を強化するために、水田開発のほか、西洋の科学技術を導入して税制や通貨制度の改革をおこない、近代化政策を推進した。外国貿易は継続して王室が独占していたが、イギリスはコンバウン朝にチーク材や錫などの貿易の自由化をもとめ、八四年のフランス・ビルマ条約の発効を機に、八五年の第三次ビルマ戦争でコンバウン朝を滅亡させ、翌年上ビルマを併合した。

イギリスは下ビルマを植民地化すると米輸出を解禁し、一八五二年以降七〇年代にかけて広大なエーヤワディー河のデルタ地域の大規模な新田開発をすすめた。エーヤワディー・デルタはカナゾウなどの巨樹やマングローブが生い茂った森林や沼沢地で、水田開発は洪水、トラやゾウなどの野生動物の襲撃、病虫害やマラリヤなどの危険性があったが、樹木や草は伐採され、堤防の建設や修築による水田の維持や輸送のための水路の拡充など大規模な基盤整備がすすめられた。下ビルマの米作付面積は一八五〇年代半ばの二八万～三二万ヘクタールから一九〇五年には二四三万ヘクタールに拡大し、米穀輸出量も五〇年代半ばの一六万トンから一九〇〇年には二〇一万トンに増加した。またデルタの人口も、一八五二年の約一〇〇万人から一九〇一年には四一〇万人に増加した。ビルマ米の主要市場は二〇世紀初めまではヨーロッパ市場であったが、しだいに低価格を武器に地理的に有利なインド市場向けにシフトした。

米生産の労働者は、一九〇〇年頃までは上ビルマの畑作地域からの農民の移住民が主体であったが、一八九〇年代からしだいにインド人の移民が増加した。かれらの多くは、マドラスなど南インドの農村部の農業カーストや下層カーストのタミル系の男性農民であった。二〇世紀になると、インド人労働者はメイストリとよばれるインド人の雇用請負業者によってリクルートされ、旅費や食費などの前貸金を得て三～五年の短期間出稼ぎにでる債務移民が中心になった。インド南部地域は飢饉や洪水など自然災害が頻発し、食糧不足が深刻化していた人口過剰地域で、出稼ぎ賃金は南インドの約三倍の高水準であったという。インドからの出稼ぎ移民労働者は、英印汽船会社(一八六一年設立)やアジア汽船会社(八〇年設立)によるインド・ビルマ間の低運賃の定期航路の開設や交通網の整備により増加し、当初ラングーンなど都市部の港湾荷役や精米所での労働に従事したが、しだいに農村部にも進出するようになった。しかし、一九二〇年代半ばに開発地域が限界に達すると、ビルマ人農民との雇用をめぐる競争もはげしくなり、三〇年代後半にはビルマ人による反インド人運動がおきた。

下ビルマの移住民は、水田開発の資金をビルマ人の金融業者からの借入金に依存したが、八〇年代以降マドラス地方出身のチェティアとよばれるインド人の金融業者から土地を抵当に融資をうけるようになった。二〇世紀になると水田開発もしだいに鈍化し、自作農のなかには累積債務のために土地を喪失して小作人や農業労働者に転化する農民が増加する一方、土地を集積して寄生地主化する農民もみられた。こうしてビルマでは、米の生産と輸出に特化したモノカルチャー経済が形成され、米は輸出額の六五％をしめる主要輸出品になった(表6／一五六頁)。

フランスのメコン・デルタ開発

一八六二年の第一次サイゴン条約で米輸出が自由化されると、フランスは土地所有権が申告されなかった土地を無主地として国有化し、自国民やフランスに協力的なベトナム人に無償で払い下げ、また八二年にはサイゴン(現ホーチミン)以外の未耕地を五年間で耕地化することを条件に、無償の払下げをおこなった。フランス人は所有した土地を売却するか貸与したので、ベトナム人の大土地所有者が急増し、かれらは小作人(借佃《ターディエン》)に耕作させて地主化し、村落行政の中心として特権階級化した。フランスは、八七年に仏領インドシナ連邦を成立させ、九九年には保護国であったラオスを編入したが、こうした農業労働力は仏領インドシナ内部から調達された。

フランスは未開拓の湿地林で覆われていたメコン・デルタの開発を促進し、一九世紀末以降はメコン河主流域の運河の開削や港・市場の整備など米生産のためのインフラが整備され、米の商品化が急速にすすんだ。農耕用運河の開削により水田面積は、一八六六年の二二万ヘクタールから八〇年代には六〇万ヘクタール、一九〇〇年には一一八万ヘクタールに急増した。生産米は「サイゴン米」としてひろく知られ、中国商人によりサイゴンに集荷・精米され、中国商人の手を通して輸出された。サイゴン米の輸出量は、七〇年の二八万四〇〇〇トンから一九〇〇年には七四万四〇〇〇トンに急増し、輸出先は一九世紀には香港や中国、二〇世紀にはいると一時的に蘭領東インドや海峡植民地が増加したが、第一次大戦後はふたたび香港や中国向けに転換した。こうして仏領インドシナでは、米の生産と輸出に特化したモノカルチャー経済が形成された（表6／一五六頁）。

タイのチャオプラヤ・デルタ開発

タイの米生産はアユタヤを中心とするチャオプラヤ河流域でおこなわれ、海外へ輸出されていた。貿易は王室が独占していたが、一八五五年のバウリング条約で自由貿易がはじまると、海外での米需要におうじて未開発であったチャオプラヤ河下流域の水田化が急速にすすめられ、六〇年代以降、米は輸出額の五〇％以上をしめる最大の輸出品になった。

新田開発のための運河の開削は、五〇年代末から王族や富裕な華僑資本の手でおこなわれ、七七年の運河開削条例で本格的な水田開発が促進された。運河の開削により土地生産性が上昇しただけでなく、農法も再編された。輸出米価の上昇とともに地価も上昇し、八〇年代以降、シャム土地運河灌漑会社をはじめとする民間企業が運河開削と水田開発をおこない、開発した土地は農民へ売却して利益をあげた。

タイの米作付面積は、一八六〇年の八一万ヘクタールから一九一〇年には一七六万ヘクタール、三〇年には三二〇万ヘクタールに増加し、米生産量も一八七〇年の一七七万トンから一九一〇年に三三四万トン、三〇年に四五四万トンに増加した。一八五七年に七万トンであった米輸出は八〇年代から本格化し、一九一〇年に一〇〇万トンに達した。輸出の増加とともに精米技術も進展したが、豊富な未可耕地と水牛など多数の家畜の存在のゆえに、農業の機械化はすすまなかった。

タイ政府は外資導入には基本的に反対の方針で、農業開発のための資本は国内で調達され、また農業労働者も移民ではなく、タイ国内から供給された。商業や金融などタイ経済の中枢をになっていたのは中国商人で、集荷と精米は主に中国商人によっておこなわれ、タイ米の大部分は集荷地バンコクから中国商人の手をへて、サイゴン米と同様、地理的に有利な香港とシンガポールに輸出され、さらに香港からは中国へ、シンガポールからは蘭領東インドやマラヤに再輸出された。こうしてタイは、米が輸出額の八二％をしめるモノカルチャー経済になった（表6／一五六頁）。しかし、こうした米作の発展と輸出への特化によって自作農経営の比較優位が維持されたために、輸入代替産業の発展はほとんど進展しなかった。

4　グローバル経済への統合とアジア経済の再編

このように一九世紀後半には自由貿易にもとづく「パクス・ブリタニカ」のもとで、アジア経済の世界市場への統合と再編がすすんだ。このプロセスは、原料や嗜好品など欧米市場向けの一次産品の貿易と米や砂糖などアジア域内向けの貿易というふたつのベクトルをもつもので、こうしたアジアの貿易の拡大は、同時に生産・流通・労働力など域内のあらたな地域的分業関係の形成をともなって進展した。

東南アジアにおける水田開発や道路・鉄道建設などのインフラ整備、プランテーションのための農地開発は大規模な生態系の破壊をひきおこし、輸出品生産への特化とそれにともなう市場経済の浸透による繊維製品をはじめとするヨーロッパ製品の輸入増加は、東南アジア地域の生活パターンを変化させた。こうしたヨーロッパによるアジア経済の植民地主義的な再編は、経済のモノカルチャー化を促進し、宗主国に財政的余剰をもたらす一方、東南アジア地域の産業化を遅らせる要因になった。鉱山開発やプランテーションへの投資や水田開発などインフラ整備に資本や技術を提供したのは主としてヨーロッパ資本であったが、かれらの経済活動は、移民や地域内のアジア系の労働力と、現地の流通や地方金融を掌握している中国商人やインド商人との連携・補完関係があってはじめて可能であった。

ヨーロッパの植民地主義による経済開発は、従来の伝統的なアジア域内の分業関係に、ヨーロッパ的な市場経済システムをもちこみ、それにともなってアジア経済の再編がおこなわれたが、伝統的なアジアの在来の社会構造や経済構造をヨーロッパ・ヴァージョンに書き換えることはできず、現地経済を矯正が困難になるほど中途半端なかたちに変形させてしまった。

第Ⅲ部　資本主義と社会主義の時代

――「短期の二〇世紀」

第七章　両大戦間期の世界経済とアジア

1　一九二〇年代の世界経済

「ヴェルサイユ・ワシントン体制」の成立

両大戦間期、あるいは戦間期といわれる時期は、「パクス・ブリタニカ」から「パクス・アメリカーナ」への移行期にあたり、二九年一〇月の世界恐慌をはさんで前後の時期にわけられる。一九二〇年代は相対的に安定した時代で、第一次世界大戦に対する反省から、国際連盟のもとで国際協調にもとづく軍縮や金本位制の再建によってヨーロッパの国際秩序の再構築がめざされた。それとは対照的に、三〇年代は不安定な時代で、経済不況の長期化とブロック経済化で主要国の対立が顕著になった。第一次世界大戦は基本的には「欧州大戦」とよぶにふさわしく、ヨーロッパ全域を戦争にまきこんで大きな被害をもたらし、結果的にヨーロッパみずからがつくりあげてきた一九世紀の国際秩序をみずからの手で葬っただけでなく、植民地地域を混乱させ、第二次世界大戦後の世界構造の原型をつくりだした。そして、この大戦を「欧州大戦」にとどまらず、世界的な意味をもたせたのは、中国や太平洋地域における日本の軍事行動であった。

大戦後の国際秩序の再建は、ヨーロッパの経済復興とドイツの再軍備の抑制をはかる「ヴェルサイユ体制」と、アジア・太平洋地域における日本の対外膨張を抑制する「ワシントン体制」からなるもので、総称して「ヴェルサイユ・ワシントン体制」とよばれている。一九一九年のパリ講和会議でヴェルサイユ条約が締結され、ヨーロッパ地域の民族自決権がみとめられ、大戦にいたる軍拡競争に対する反省から軍備縮小がすすめられた。ウィルソン米大統領の提唱で、国際協調機関として国際連盟が創設されたが、アメリカは上院で条約批准が否決され、加盟しなかった。

パリ講和会議の最大の課題はドイツの賠償金問題で、ドイツにはGNP約二〇年分に相当する一三二〇億金マルク(三三〇億ドル)という多額の賠償金が課せられ、ドイツ経済を圧迫した。イギリスの大蔵省主席代表としてこの会議に出席したケインズは、ヴェルサイユ条約におけるフランスのドイツに対する多額の賠償金要求を批判して、「同一の鼓動」をうつヨーロッパの経済的一体性を指摘し、条約の「破壊的意義」を強調した（「平和の経済的帰結」）。対ドイツ賠償金は、二四年のドーズ案、さらに二九年のヤング委員会で賠償額は三五八億金マルクへの減額と支払期限の延長がみとめられ、さらに三二年のローザンヌ賠償協定で三〇億金マルクに減額されたものの、最終的には三三年にナチス（国家社会主義ドイツ労働者党）によって破棄された。

パリ講和会議につづき、一九二一〜二二年にはワシントン会議が開催された。この会議の目的は、建艦競争の制限による軍縮と、山東半島独領青島への進出や対華二一ヵ条要求など大戦を機に顕著になった東アジアや太平洋諸島地域における日本の膨張を抑制することであった。この会議で、太平洋諸島にかんする四ヵ国条約（日米英仏）、中国の主権・領土の尊重、機会均等、日本の特殊権益の否認など中国にかんする九ヵ国条約（日英米仏伊中蘭伯葡）、主力艦の保有量制限と一〇年間の主力艦の建造中止を規定した海軍軍備制限条約の三条約がむすばれた。

戦後経済復興と金本位制の再建

第一次大戦後の主要な経済的な課題は、ヨーロッパの経済復興とドイツ賠償金問題、それに大戦前の金本位制への復帰による安定的な国際経済システムの再建であった。第一次大戦による最大の変化は、世界の貿易・金融センターとして金本位制をささえていたイギリスの対外ポジションが貿易収支の悪化とともに変化し（図２／一〇七頁）、国際通貨としてのポンドに対する信認が動揺し、各国通貨の相対的位置関係に変化がおきたことであった。

アメリカは連合国の戦時債務の総額一六三億ドルのうち七一億ドルの債権を保有し、大戦を機に債務国から債権国に転換して、世界の金準備の約四〇％をしめる経済大国になった。イギリスでは対外貸付と国内投資が補完関係にあったのに対して、アメリカでは両者は正の相関関係にあり、アメリカは輸入の増加や対外投資によって直接間接に世界経済の拡大を推進する構造にはなかった。巨額の外貨を蓄積したアメリカは、一九一九年にいちはやく金本位制に復帰し、ニューヨークはロンドンとならぶ国際的な金融市場になり、ドルはポンドとともに国際決済通貨となった。しかし、大戦によってアメリカへの金の偏在とニューヨーク連邦準備銀行（一九一三年に設立され、アメリカの中央銀行として機能）が、金の流入により通貨供給が増加してインフレーションをひきおこさないようにするために、いわゆる不胎化政策をとったことは、第一次大戦後の国際金融メカニズムの障害となった。

ヨーロッパの戦後経済復興は、ドイツによる賠償金の支払と一体の関係にあり、二三年にドイツの賠償金支払延期の要請に対してフランスとベルギーが共同でルール地方を占領するという事態になった。そのため翌二四年にアメリカのドーズ案にしたがって、賠償金支払額の引下げとともに、アメリカで公債を発行して民間からヨーロッパの復興資金を調達することになった。こうしてドイツは二四年に金本位制に復帰し、大戦によって巨大な債権国になったアメリカの資金援助によるドイツの経済復興と輸出促進を通じて、ドイツは対英仏賠償金を支払い、英仏両国は対米戦時債務を償還するという資金循環メカニズムが形成された。アメリカの対ヨーロッパ投資額は、二三年の一億二六〇〇万ドルから二八年には一〇億二八〇〇万ドルに増加した。賠償金と戦時債務の問題は、金本位制の再建とは直接の関係はなかったが、経済問題を政治問題化させ、国際金融システムを不安定にする要因となった。

第一次大戦前に機能していた長期にわたるポンドに対する信認と金本位制が、たとえ「幻想」であり、またその管理運営が「芸術《アート》」であったとしても、各国の財政担当者や国際金融家は、通貨価値の安定化と国際経済秩序の再建のためには金本位制への復帰が必要であるという共通したつよい信念をもっていた。国際金融システムの再建は、二〇年のブリュッセル国際金融会議で基本的方向がしめされ、二二年のジェノア国際経済会議で金本位制への復帰が確定した。しかし、金の偏在とアメリカの不胎化政策によって流動性はかぎられており、為替レートの再調整のために各国通貨の平価の切下げと、ポンドとドルを金為替とすることが容認され、あらたなルールのもとで金本位制は金為替本位制として再建された。こうして二五年にイギリスとオランダが旧平価（大戦前の為替レート）で、二七年にイタリアが新平価で、さらに二八年にフランスが新平価で金本位制に復帰した。インフレの傾向は大戦後もつづいていたが、ハイパー・インフレーションで旧平価の維持が困難になっていた国々は新平価で金本位制に復帰した。

こうして再建された金本位制は、ポンドとドルのふたつの基軸通貨と、ロンドンとニューヨークのふたつの金融センターをもつもので、主要国間の信頼と協力関係を通じた紳士協定によってのみ機能する不安定なシステムであった。金為替とされたポンドは約一〇％過大評価されたために平価と実勢レートとのあいだに乖離が生じ、投機的な短期資金の移動がはげしかった。二〇年代はイングランド銀行総裁のモンタギュー・ノーマン（在任期間一九二〇〜四四年）やニューヨーク連邦準備銀行総裁のベンジャミン・ストロング（在任期間一九一四〜二八年）を中心に、モルガン商会のトマス・ラモントなど民間の国際金融家をくわえて、各国の中央銀行の協力関係による国際金融システムが構築された。とくに二〇年代半ば以降は中央銀行間の協力関係も緊密になり、二七年のポンド危機は英米の中央銀行間の協力によってのりこえられたが、二八年一〇月のストロング死去の影響は大きく、国際協力はトーンダウンした。二九年のヤング委員会では国際決済銀行（BIS）が設立されたものの、三〇年代の通貨混乱のなかで協力機関としての機能をはたすことはできなかった。

2　動揺する世界経済

世界恐慌の到来

一九三〇年代は脱グローバリゼーションの時代で、ナショナリズムがリベラリズムに対して優位になった。世界恐慌とともに戦間期の国際金融システムの弱点が明確になったが、国際連盟に相当する国際的な経済問題の解決のための協調システムは形成されていなかったので、政策的対応は各国政府にゆだねられ、経済のロジックよりも政治のイニシアティブに依存するようになった。世界恐慌によるデフレからの早期回復と失業問題の解決が大きな国内的な課題となり、対外経済問題は同時に国内経済問題となって政治問題化した。こうして主要国にとって金本位制は「足枷《フェター》」となり、デフレからの脱却と金本位制の維持とのあいだで政策的ジレンマにおちいった。

世界経済の混乱の主因は、イギリスの指導力の後退とアメリカの指導力の欠如にあった。大戦後イギリスの競争力は相対的に低下し、貿易収支の赤字が急速に拡大し、国際収支は巨額の貿易外収支の黒字をうわまわり、三一年以降国際収支は赤字に転換した（図2／一〇七頁）。アメリカは、世界最大の工業生産国であるとともに、農産物や原料など一次産品の最大の輸出国で、イギリスとは異なり、貿易政策は基本的には高率関税による国内市場優先の保護貿易政策をとっていた。二二年のフォードニー＝マッカンバー関税法で農工業の保護政策が強化され、関税率は最終的に従価五七〜一七二％に達した。また二〇年代には海運や銀行など多くの産業分野で外国人所有に対する規制政策が導入され、二四年には移民制限法が制定された。アメリカの世界貿易にしめるシェアは一〇％と低く、また政治外交的に孤立政策をとっていたので、国際的多角決済機構のなかで調整的機能をはたしうる構造にはなかった。

一九二〇年代のアメリカは経済的に好況で、住宅建築、自動車、洗濯機や冷蔵庫などの家電製品をはじめとする耐久消費財の大量生産と大量消費のアメリカ的生活様式が普及した。二八年後半にヨーロッパの経済復興の中心であった住宅投資が一段落すると、大量のドルがひきあげられて、アメリカ国内の株式投資にむけられるようになった。ニューヨーク市場には大量のコールマネーが流れこみ、株価指数は二六年四、五月を底にして二九年九月まで二・三倍に騰貴した。ガルブレイスの『大暴落　一九二九』によると、株価暴落の予兆は同年の夏頃からあったというが、二九年一〇月二四日、「暗黒の木曜日《ブラック・サーズディ》」といわれるウォール街の株価大暴落がおきた。同日には金融機関が買支えにはいったために大引けには株価はかなり回復し、大暴落となったのは週があけた二九日の火曜日であった。これはかつて世界が経験したことのない長期にわたる大不況の発端であったが、アービング・フィッシャーをはじめこれを予測できた経済学者はほとんどなく、多くの人々は楽観的であった。株価指数は二九年九月の二一六から、三〇年四月にいったんもちなおしたものの、三二年六月の三四にいたるまで暴落をつづけることになる。

二九年三月にC・クーリッジ(共和党)をついで大統領に就任したH・フーバー(共和党)は、伝統的な国内経済優先の政策をとった。二九年八月にニューヨーク連邦準備銀行は、景気後退が予測される時期に国内の株価高騰を懸念して公定歩合を引き上げたために、イングランド銀行は公定歩合の引上げを余儀なくされた。フーバーは、三〇年六月に大統領拒否権を行使することなく、国内の農業と工業を対外競争から隔離するためのスムート゠ホーリー関税法を制定した。スムート゠ホーリー関税法は、関税の引上げや輸入割当制度の導入など保護主義的政策を強化したものであったために、貿易相手国の報復関税や為替管理の強化を誘発し、自由貿易から保護貿易への転換を促進するきっかけになった。こうした一連のアメリカの経済政策の失敗と保護政策の拡大は、世界的規模での不況の長期化と雇用(失業)問題をもたらしただけでなく、農産物をはじめとする一次産品価格の急落をまねき、世界的なデフレを加速させた。

金為替本位制の崩壊とデフレ・失業問題

ウォール街の株価大暴落につづいて、ヨーロッパでも金融危機がおきた。三一年五月のオーストリア最大の民間銀行クレディット・アンシュタルトの破綻の影響をうけて、七月にはドイツ第二位の大銀行ダナート銀行が支払を停止し、金融恐慌はイギリスにも波及した。ロンドン市場からイギリスの金本位制をささえていた多額の短期資金がひきあげられ、金流出も急増した。イギリスの金および外貨準備高は一億八〇〇〇万ポンドにまで減少したが、イギリスは深刻な財政赤字のために海外借款の供与をうけることもむずかしく、八月にマクドナルド労働党内閣が党内の分裂から倒壊し、九月には金本位制の停止においこまれた。ポンドの急落は他通貨の切上げを意味し、イギリスと貿易関係のつよい英帝国諸地域や北欧・東欧諸国、アルゼンチン、エジプトが金本位制を離脱した。アメリカからは金流出がつづき、ドル高によって輸出は停滞した。イギリスの金本位制離脱は、ポンドとドルを基軸通貨とする再建金為替本位制の崩壊を意味した。こうして金本位制を停止した国々は、中央銀行の裁量で国内の通貨流通量をきめる管理通貨制度に移行した。

関税引上げ競争と為替切下げ競争のなかで、三三年六月には六七ヵ国が参加してロンドン国際通貨経済会議が開催され、貿易障壁の撤廃、通貨の安定化による世界貿易の回復、金本位制の再建がこころみられた。会議では、ドルの切下げが世界経済をいっそう悪化させることが懸念されたが、アメリカは通貨安定よりもインフレによる国内経済の回復を優先する政策を明確にしたために会議は失敗におわった。こうしてブロック経済化以外の選択肢はなくなり、イギリス中心のスターリング・ブロックやフランス中心の金ブロックが強化された。

三三年三月に大統領に就任したF・ルーズベルト(民主党)は、翌月金本位制を停止し、国内の不況対策として農業調整法(AAA)および全国産業復興法(NIRA)の制定やテネシー渓谷開発公社(TVA)の創設など、いわゆる「ニューディール政策」を実施した。アメリカは、三四年一月に対外競争力を維持するために、金一オンス価格を二〇・六七ドルから三五ドルに減価してドルを切り下げたうえで金本位制に復帰し、貿易拡大のために三四年六月には互恵通商協定法を制定して、三九ヵ国と通商協定を締結した。しかし、アメリカの大幅なドル切下げの影響は大きく、三六年には英米仏間で三国通貨協定がむすばれたものの、最終的にはフランス、オランダも金本位制を離脱し、ブロック化への流れはさらに強化された。農業調整法と全国産業復興法はともに最高裁で違憲判決をうけ、ニューディール政策は大きな経済的効果をもたらすことはなかった。アメリカが国内不況から持続的な回復をするのは第二次世界大戦の開始に

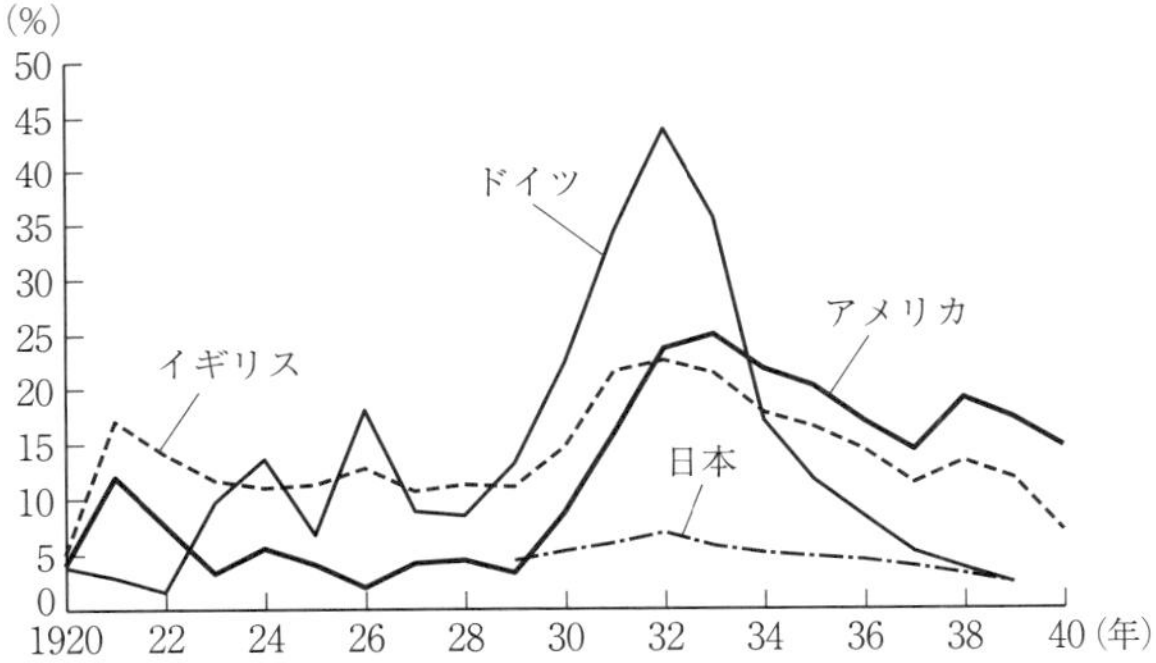

図4　主要国の失業率(1920～40年)

資料) 古川哲「大恐慌と資本主義諸国」『岩波講座 世界歴史27 現代4』(1971年), 表2～4, 6より作成.

ともなう軍需景気をまたなければならず、アメリカの失業率は四〇年にいたっても一五%を記録した。

失業率の定義は国によって異なるが、主要国の失業率をみると(図4)、世界恐慌を境に急上昇したのはアメリカとドイツで、イギリスはすでに大戦後一〇%以上で推移しており、日本は五%前後で相対的にひくかった。ヨーロッパのなかで世界恐慌のもっとも深刻な影響をうけたのは、ドイツであった。ドイツでは三〇年の総選挙でナチス(国家社会主義ドイツ労働者党)と共産党が進出し、三二年のローザンヌ協定で賠償金と戦時債務の支払が延期され、しだいに生産も回復した。三二年七月の総選挙でナチスが第一党になり、三三年一月にアドルフ・ヒトラーが首相に就任すると、住宅建設や高速道路《アウトバーン》建設事業、翌年の「フォルクスワーゲン」(国民車)計画、さらに三五年には再軍備宣言をおこない、公共事業と軍備拡大によって生産の拡大と雇用の創出をはかった。失業者数は三三年の五〇〇万人強から三六年には一〇〇万人に急減し、第二次世界大戦開始までにほぼ完全雇用の状態が達成され、戦時期には資源・原材料と労働力の不足が課題となった。

各国の鉱工業生産指数から恐慌前の水準からの回復の状況をみると、日本が三三年でもっともはやく、ついでイギリスが三四年、ドイツが三六年、アメリカは三七年以降のことであった。日本やドイツにかぎらず、主要国における世界恐慌からの回復が、結果的に軍需関連産業の発展による経済の軍事化によってしか達成されなかったことは、第一次世界大戦と世界恐慌のもつ重要性を想起させるに十分である。

社会主義型工業化の進展

一九一七年のロシア革命をへて、二二年に世界初の社会主義国として成立したソヴィエト社会主義共和国連邦(ソ連)では、内戦中に戦時共産主義政策が導入され、工業生産、農業生産がともに減退したために、労働者や農民のソヴィエト政権に対する不満がつよくなった。レーニンは二一年に新経済政策(ネップ)を採用し、国有国営の大工業、運輸通信、銀行以外の分野で自由競争の導入をみとめ、一定程度の資本主義の復活を容認した。この新経済政策によって工業、農業ともに生産が増加し、二六〜二七年頃には第一次大戦前の生産水準を回復した。

一二四年のレーニンの死後、共産党内の権力闘争で実権をにぎったスターリンは、ソ連型の一国社会主義の建設を主張し、第一次五ヵ年計画（一九二八〜三二年）で重工業中心の工業化と集団農場《コルホーズ》の建設による農業の集団化を強力に推進した。つづく第二次五ヵ年計画（一九三三〜三七年）では消費材生産も重視されたが、現実には鉄鋼や電力など重工業の生産と軍備に力点がおかれた。この一〇年間のGNPの年平均成長率は四・六％と推定され、ソ連は三〇年代半ばにアメリカにつぐ工業国になった（表4／一〇二頁）。三八年からはじまる第三次五ヵ年計画ではウラル・シベリア地域の開発や軍備充実がはかられたが、四一年の独ソ戦の開始によって中断し、ふたたび戦時経済へ回帰した。なお、二四年にイギリスとフランス、おくれて三三年にアメリカがソ連を承認し、三四年にソ連は国際連盟に加入し、しだいに発言権をましていった。

多国籍企業の登場

国境を超える企業の活動は一九世紀後半にはじまり、戦間期に急速に拡大した。多国籍化する企業は、経営環境や経営戦略の相違によって原料確保のための後方垂直統合や販売市場確保のための前方垂直統合をおこなったが、基本的には消費市場依存型（食品、繊維、事務機器など）と原料資源供給型（石油、鉱物、ゴムなど）の二類型に大別することができる。多国籍企業《トランスナショナルズ》の形成は、歴史的にはアメリカ的現象として内部成長的に発展してきたものというよりも、むしろヨーロッパ的現象で、ヨーロッパの小規模国民経済から発展したネスレ（スイス、食品）、ソルベイ（ベルギー、化学）、リーバ・ブラザーズ（英、石鹼）のような企業に典型的にみられる。これらの企業は、一八七〇年代以降に利潤をあげ、ヨーロッパ諸国やアメリカによる高率関税を回避するために、多国籍化して、従来の輸出型から現地生産型に転換した。

一八九〇年代には、イギリスの企業による海外直接投資も関税回避の手段として本格化し、リーバ・ブラザーズのほか、J・P・コーツ（綿糸）、コートルズ（繊維）、ダンロップ（タイヤ）、グラムフォン（レコード、のちのEMI）、ヴィッカース（兵器）、ピルキントン（ガラス）などの企業が、第一次大戦までに西ヨーロッパやアメリカなどに工場を建設した。なかでも所得水準のたかいアメリカにおける現地生産は、アメリカにとって急速な輸入代替化のための有効な手段であるとともに、イギリス企業にとっても市場規模や多分野における技術開発の進展という点から大きな魅力であった。このイギリス企業の海外進出が、他方では植民地化と併行していたことはいうまでもなく、たとえばダンロップは第一次大戦前に原料確保にのりだし、一九一七年にはマレー半島に六万エーカー、セイロンに二〇〇〇エーカーのゴム園を所有し、さらにベルギー領コンゴにも大規模の用地を獲得した。

はやくから多国籍化したアメリカの企業には、シンガー（ミシン）、スタンダード石油、ＧＥ（電機）、ナショナル・キャッシュ・レジスター（事務機器）、インターナショナル・ハーベスター（農機具）などがある。これらの企業は一八九〇年代の合併・統合化の過程をへて巨大化し、第一次大戦以前にすでにアメリカの最大企業のひとつにかぞえられていた。アメリカの対外投資は一八九七年の六億四〇〇〇万ドルから一九一四年には二六億五〇〇〇万ドルに増加してＧＮＰの七％をしめるようになり、投資先はカナダやメキシコなど近隣地域の鉱山が中心であった。アメリカでは、技術進歩と市場拡大により複数事業単位制の企業の普及がみられ、戦間期には多国籍化が急速に進展した。一九二〇年代には原料資源供給型の大企業による水平・垂直統合がすすみ、カナダ、中南米を中心に従来の鉱山投資のほかに製造業や石油への投資が急増し、二九年の海外投資額は七五億五〇〇〇万ドルに達した。アメリカで多国籍化した企業は、当初は食品および機械や輸送機器産業が多かったが、第一次大戦後には化学工業や自動車製造業が多国籍化し、三〇年代後半以降は石油会社が積極的に海外に進出して多国籍化した。

戦間期のイギリスは、国際経済における相対的地位の低下とともに、国内および対外経済政策の再編をせまられ、国内では企業の合併や統合による集中化が進展した。一九二六年には、前年ドイツでBASFやバイエルなど九社の合同で一大化学工業トラストとして成立したIGファルベンに対抗して、ブラナ・モンド、ノーベルなど四社が合併してICIが設立され、さらに二九年にはリーバ・ブラザーズとオランダ系のマーガリン・ウニが合併してユニリーバが設立されるなど競争力の強化がはかられた。海外投資における政府の主導的役割も強化され、投資先もオーストラリア、南アフリカ、インドなど英連邦諸国にむけられるようになった。一九三〇年代のイギリスは、ヨーロッパやアメリカ企業との市場分割協定による国際カルテルへの参加、関税障壁や為替管理による通商制限政策をとり、また海外直接投資よりもライセンス協定による技術導入のほうが有利になったために、ヴィッカースをはじめ多くのイギリス企業が在外子会社を閉鎖ないしは整理縮小した。イギリス企業の競争力低下の要因としては、アメリカ企業と比較した場合、経営構造の転換の不徹底性や、経営戦略および海外直接投資における株式保有や合弁事業での消極性などが指摘されている。

イギリスの海外投資は、製造企業だけではなく、商社によってもおこなわれ、伝統的な植民地商社が、従来の商品貿易からゴム、コーヒー、紅茶などのプランテーションや製造業、航運業など現地の投資に重点を移行し、類型の異なる投資グループとして登場した。これらのイギリス企業は、「フリースタンディング・カンパニー」とよばれる。こうした商社は通常同族企業《パートナーシップ》の形態をとり、インド、東南・東アジア、ロシア、ラテン・アメリカなど最初から国境を超えたところに設立され、逆に海外の拠点を基盤として、国際環境の変化と所在国の政治・経済状況の変化に適合しながら多角化をはかった。

東アジアや東南アジアにおいてはジャーディン・マセソン商会(香港)、スワイア商会(香港およびび上海ではバタフィールド&スワイア商会)、ガスリー商会(シンガポール)、ハリソンズ&クロスフィールド商会(マラヤ)などの植民地商社がこれに相当する。一八三二年設立のジャーディン・マセソン商会は一九世紀半ば以降、東アジア地域における最大の商社として成長し、香港の政治・経済においても大きな影響力を保持した。同商会は、生糸・茶など中国や日本産品の輸出とイギリス製品の輸入を中心にしていたが、中小商社の参入や商品貿易の利潤低下により、一八六〇～七〇年代にかけて従来の輸出入業務からしだいに航運、保険、金融、倉庫業など貿易関連部門に活動の重点を移行し、さらに精糖、造船、製糸、紡績など製造業への投資もおこなって多角化した。スワイア商会も、一八七〇～八〇年代に貿易専門商社から航運業や精糖業に進出し、二〇世紀初期以降は積極的な多角化をはかった。またガスリー商会やハリソンズ&クロスフィールド商会は、二〇世紀初期に貿易専門商社からゴム栽培を中心とする農業投資を基礎に事業を多角化し、第二次大戦後は製造業にも進出して多国籍化した。

この期における日本の現地生産の例として、中国の低賃金労働と原料棉花を利用して中国市場向けの綿糸布生産のために設立された在華紡があげられる。日清戦争後、上海など中国の開港場に外国人経営の紡績工場が設立されるようになったが、二〇世紀初めには三井物産など日本の棉花取扱商社も紡績工場を経営するようになり、第一次大戦後には、中国の関税引上げに対する対策として輸出から現地生産への転換がすすみ、大日本紡績をはじめとする有力な紡績会社があいついで中国に進出し、上海や青島に紡績工場を設立した。日本国内の紡績企業は、大戦にともなう国内の賃金上昇と在華紡をふくめた中国紡績業の発展によって低品質製品での競争力を失い、しだいに中・高品質製品の生産に移行するとともに、インドや東南アジアを主要な輸出市場とするようになったために、二〇年代にはイギリスやオランダとのあいだで貿易摩擦をひきおこすことになった。

3　世界のなかの日本経済

金本位制復帰への模索

第一次大戦前の日本の国家財政は破綻《デフォルト》寸前の状態で、金本位制の維持もむずかしく、国際収支の危機に直面していた。第一次世界大戦の勃発にともなう大戦ブームによって日本からの輸出は急増し、また欧米諸国からの工業品の輸入が急減して重化学工業の輸入代替化がすすんだ。政府財政は大幅に改善し、一五〜一八年の経常収支は二七億三五〇〇万円の受取超過で、日本は一躍債務国から債権国になった。しかし、日本経済は、大戦ブームの整理が不十分であったために、戦後不況、二三年の関東大震災、二七年の金融恐慌と停滞の時期をたどり、国内物価も国際水準に比較して割高の状況がつづいた。日本が欧米諸国と対等の「一等国」の位置を維持するためには金本位制の維持は最低限の条件であったので、金本位制への復帰はたえず模索されていた。

一九二〇年代は日本国内の政党政治の最盛期で、立憲政友会と憲政会(二七年に立憲民政党)の二大政党がほぼ交互に政権を担当したが、両党の国内の財政経済政策と対外政策の姿勢は対照的で、政友会が積極財政・対外膨張政策の「大きな政府」路線をとったのに対して、憲政会(民政党)は均衡財政・国際協調政策の「小さな政府」路線を志向した。日本は第一次大戦末期の一七年に金本位制を停止していたので、二〇年代の対外的な政策課題は、日本がいつ、どのような為替レートで金本位制に復帰するかという「金解禁」問題であった。金本位制に復帰する場合、旧平価（停止前の一〇〇円＝四九・八四五ドル）で実施するか、あるいは平価を切り下げて新平価で実施するかというふたつの選択肢があった。金解禁論争は、国際的レベルでひろくおこなわれた経済論争で、日本国内でも政官財民をまきこんだ大論争になった。最大のポイントは国際経済との協調優先か、それとも国内経済を優先するかという問題で、二〇年代は軍縮・国際協調が国際的な潮流であったために、憲政会（民政党）はこの国際協調路線を積極的に推進したが、政友会はこの潮流を無視することはできなかったものの金解禁には消極的であった。

金本位制への復帰の最大の機会は、一九年六月にアメリカが金本位制に復帰した直後の段階で、この時点で日本は十分な正貨を保有しており、また大戦後の国際経済の再建において日本がリーダーシップをとれる可能性もあったが、原敬政友会内閣の高橋是清蔵相は中国での有事を理由に金本位制への復帰を見送った。その後、復帰の機会はいくどかあったが、震災や金融恐慌など国内の事情で先送りされ、輸入超過がつづいて正貨が減少したために、日本はしだいに選択肢をせばめられ、追いつめられていった。

浜口内閣の成立と金解禁

田中義一政友会内閣が一九二八年の張作霖爆殺事件の責任をとって辞職し、二九年に浜口雄幸民政党内閣が成立した。浜口内閣は外相に幣原喜重郎、蔵相に井上準之助を起用し、欧米諸国との協調外交と金本位制復帰を最優先課題とする国際協調路線を明確にし、日本経済を国際経済の正常な一環に位置づけ、国内の構造改革をおこなうことによって内外の閉塞感を打破しようとした。とりわけ「金解禁」をいそいだ背景には、二八年にフランスが金本位制に復帰し、主要国のなかで金本位制に復帰していない国は日本だけとなり、国際的な圧力とともに、国内でも国際的にとりのこされた感がつよまったことがあった。日本の「金解禁」は旧平価で実施されることが予想されたので、当時の一〇〇円当り四五ドル前後の安い実勢レートのうちに円を購入し、日本が金本位制に復帰して円高になった時点で売却して為替差益を得ようとする思惑的な「円買い」がはげしくなっていた。さらに二九年のヤング委員会で国際決済銀行設立案が討議され、日本は例外的に参加を認められたものの、出資国および国際連盟財政委員会の構成国を金本位国にかぎるとされたことも焦燥感に拍車をかけた。

しかし、最大の問題は、三一年一月に償還期限をむかえる日露戦時外債の未償還額二億三〇〇〇万円の借換問題で、欧米の銀行家は円為替が不安定な状況での外債借換えはむずかしいとの危惧を表明しており、日本が国家財政の破綻を回避し、「一等国」として欧米諸国と対等な地位を維持するためには、この借換問題の解決が不可避であった。国内では金融界や財界などが円為替相場の安定をもとめて金解禁支持の論陣をはり、とくに金融恐慌で預金額の増加した三井、三菱などの大銀行は遊休資金の海外での運用をもとめて金解禁をつよく要望した。こうして日本は在外正貨の補充やクレジットの設定など金解禁にむけた準備をすすめ、三〇年一月に旧平価で金本位制に復帰したが、この段階での金本位制の復帰はもはや遅すぎたといえる。

旧平価で解禁した理由としては、日本の「金解禁」への期待感から円為替相場が旧平価近くまで回復してきたこと、新平価で金解禁をおこなう場合には貨幣法の改正の必要があっただけでなく、平価切下げにともなう外債元利払の負担増が政府財政を圧迫して経済再建が遅れる懸念があった。さらに当時少数与党の民政党にとって政友会の反対が予想されたので、早期に金解禁を実施するためには大蔵省令による旧平価解禁以外の選択肢がなかったことがあげられる。石橋湛山や高橋亀吉など「新平価四人組」といわれる民間の経済ジャーナリストは新平価解禁を主張したが、かれらはあくまで金解禁論者で、高橋是清など政友会の金解禁消極論とは異なっていた。

金解禁により日本および円の対外信用は回復したものの、世界恐慌の拡大とかさなり、金の自動調節機能も期待されたようには作用せず、金解禁後半年間で日本から二億二一〇〇万円の金が流出した。金解禁にともなう緊縮財政政策にくわえて、アメリカ向け生糸輸出の急減による貿易収支の悪化と農産物価格の下落でデフレ不況が顕著になった。もっとも、金解禁をしてもしなくても、世界恐慌の影響で生糸輸出の急減と農産物価格の下落がおこり、デフレ不況は不可避であった。

しかし、三一年九月にふたつの不測の事態が生じた。ひとつは柳条湖事件に端を発する満州事変の勃発であり、もうひとつはイギリスの金本位制の停止であった。円はポンドとおなじように約一〇％過大評価され、円高ドル安であったので、イギリスの金本位制離脱をうけて、ニューヨーク・ナショナル・シティ銀行や、三井銀行など財閥系金融機関を中心に日本の金本位制停止を見越した大規模な思惑的「ドル買」が生じ、それに対して政府は売りおうじたために金が流出し、正貨保有高は急減した。イギリスでさえ「一等国」の矜持をすてて金本位制を離脱したことは再建金本位制の崩壊を意味していたので、この段階で金本位制を一時的に停止するという選択肢もありえたが、日本の外国為替取引はニューヨーク市場にシフトしており、そのアメリカが金本位制を継続していたことも井上蔵相の判断をくもらせた。

不況の長期化とともに民政党政権に対する批判はつよまり、三一年一二月に浜口内閣をついだ若槻礼次郎民政党内閣が瓦解し、犬養毅政友会内閣が成立すると高橋是清蔵相はすぐに金輸出再禁止の措置をとった。したがって、日本の金本位制の時代は、一八九七年から第一次大戦期の一九一七年までの二〇年間と、このときの二年間をくわえた二二年間だけであった。

一九三〇年代の通商摩擦とブロック経済の形成

高橋財政は、政友会の典型的な国内重視の積極的財政経済政策にそって、軍需関連産業を中心とした軍事費の拡大により不況からの脱却をはかるもので、軍事費は四〇％弱膨張した。この財源は、通貨供給量の増加と日銀引受けによる赤字国債の発行で調達された。日銀引受けによる赤字国債発行は財政規律がルール化されなかったので、財政当局の政治的裁量にゆだねられ、高橋が二・二六事件で暗殺されると赤字国債の発行に歯止めがかからなくなった。高橋財政がファシズムへの道を切りひらいたといわれる所以である。このときの反省から、戦後の財政法では、日銀引受けによる赤字国債の発行が禁止された。

日本の鉱工業生産は三三年にはすでに恐慌前の水準を回復したが、こうした日本の不況からの早期回復は、軍需関連産業の拡大と中国への軍事的進出とむすびついたもので、高橋蔵相の低為替放任政策によって円は一〇〇円当り二五ドルにまで約五〇％急落し、円安によって綿織物や電球・マッチなどの雑貨のアジア市場向けの輸出が急増した。日本の低価格での輸出攻勢は「為替ダンピング」（「ソーシャル・ダンピング」という用語は国内のメディアが強調したが、海外ではほとんど使用されていない）として非難された。とくに世界恐慌の影響で購買力が低下していた東南アジアなどの植民地市場において、日本製品の輸入急増は、反植民地主義とナショナリズムの高揚に直面していた欧米諸国の植民地支配の基盤を動揺させるもので、欧米諸国との軋轢が増大した。

こうした日本の輸出攻勢に対して欧米諸国は関税引上げ、輸入割当制度や特恵関税制度の導入などの保護貿易主義的な対抗措置を強化した。三二年の英帝国経済会議（オタワ会議）の開催は、こうした対抗措置のひとつの指標であった。満州事変以降日本に対する国際的非難がたかまり、三三年に日本が国際連盟を脱退すると、日本との通商条約の廃棄を通告する国々があいついだために、三三年以降日本は日印会商、日英会商、日蘭会商、日豪会商、日埃（エジプト）会商などの貿易交渉により二国間の暫定的な通商協定の締結を余儀なくされた。

インドは一九一九年のインド統治法で財政自主権が付与され、二〇年代末から鉄鋼、綿織物、砂糖などの産業に保護関税が設定されることになり、三〇年に日本製綿織物に対する輸入税は従価五〇％に引き上げられた。インドの綿織物市場は国内で生産された綿織物が中心で、日英両国は、インドの綿織物市場の約二〇％にあたるかぎられた市場をめぐって競合した。日印会商ではインドは日英間の摩擦を利用して棉花生産者に有利な条件を日本からひきだし、インド棉花の輸出と日本からの綿織物の輸出のリンク制を基礎とすることで合意にいたり、三四年に暫定的な日印通商条約がむすばれた。

日英会商では、イギリス側が世界不況からの脱出のためには購買力の回復が必要であり、低価格での日本製品の進出が市場を混乱させ、結果的に貿易量を制限していると主張したのに対して、日本側は日本の輸出急増は効率化や合理化など企業努力の必然的結果であってなんら非難されるいわれはなく、日本製品を規制するだけで繊維市場の安定が回復できるとは思われないと反論し、会商はなんらの進展もみないままに決裂した。こうした日本の国益優先の輸出拡大策は、各国の貿易制限政策の導入を促進させる結果となり、世界経済を攪乱させる要因になった。

一九三〇年代に日本の貿易構造は大きく変化し、アジア地域との貿易で日本は工業国としての役割をになうようになった。対アジア貿易は繊維製品、電球、マッチ、ゴム、自転車などの輸出増加によって輸入超過から輸出超過へ転換し、対米貿易は棉花、機械、石油、鉄屑の輸入増加によって輸入超過へ転換した。同時に台湾、朝鮮、関東州、満州などの植民地貿易も増加し、しだいに円ブロックへの依存度がたかまった。日本は、重化学工業化の進展にともなって欧米諸国やその植民地からの機械類や原料の輸入が増加し、しだいに貿易収支の悪化と外貨不足が顕著になり、必要物資の確保のためにはブロック経済の拡大・強化が不可避となった。日本の資本輸出は、一九一四年の五億三〇〇〇万円から一九年には一九億一〇〇〇万円に急増し、さらに三〇年には二九億六〇〇〇万円に増加した。主要投資先は中国であったが、台湾および朝鮮への植民地投資も大きく、三〇年代末の台湾および朝鮮における日本人の資産保有額は各々一八億円、三六億円にのぼった。円ブロック経済圏は満州、中国、さらには東南アジアをふくむ「大東亜共栄圏」に拡大し、日本は、重化学工業化の進展とともに、政治的経済的支配地の拡大を余儀なくされることになった。

4　戦間期のアジアとラテン・アメリカ

一次産品貿易の縮小と交易条件の悪化

世界恐慌の拡大は、欧米の先進工業国の原料など一次産品の輸入の縮小と一次産品価格の下落にともなう輸出の減少で、アジアやラテン・アメリカのモノカルチャー経済に大きな影響をおよぼした。戦間期の一次産品の貿易額は貿易総額の六〇％をしめ、二〇年代の三六〇億ドルから三〇年代には一七〇億ドルに縮小した。一次産品産出国の交易条件（輸出価格指数／輸入価

表7　世界貿易額

（年平均，単位：100万ドル旧平価）

	製造品			一次産品		
	輸出額	輸入額	貿易額	輸出額	輸入額	貿易額
1901〜13	5,435	5,208	10,643	8,723	9,774	18,497
1921〜29（a）	11,787	11,294	23,081	17,010	18,860	35,870
1930	11,310	10,770	22,080	16,230	17,770	34,000
1931〜38（b）	5,425	5,190	10,615	7,979	8,970	16,949
（b）/（a）%	46.0	46.0	46.0	46.9	47.6	47.3

資料）F. ヒルガート（山口和男ほか訳）『工業化の世界史』（ミネルヴァ書房，1979年），174頁より作成.

格指数×一〇〇）は悪化し、累積債務の増加とともに、購買力は低下した。一次産品価格の趨勢は、二五〜二六年までは回復するものの、二〇年代後半は過剰生産のために低落傾向にあった。すでに進行していた世界的なデフレは、二八年頃まではアメリカの株式ブームで表面化することはなかったが、一次産品産出国への資本移動は減少し、流動性はそこなわれていた。世界恐慌による農産物価格の急落と低迷は深刻で、農業恐慌の色彩がつよくなり、さらに欧米先進工業国の景気低迷と輸入関税の引上げによる産出国への打撃は大きかった。

東南アジア地域では、一九世紀末以降の急速な経済の膨張で、農産物や鉱産物の一次産品の生産と輸出の拡大がみられただけに恐慌の影響は大きかった。ラングーン市場でのビルマ米の価格（一〇〇籠当り）は、二五年の一九五ルピーから三一年には七五ルピーに下落し、ビルマではサヤ・

サンの乱に象徴されるような農村部での秩序の混乱がはげしくなった。農業資金のチェティアへの依存が大きかっただけに自作農の割合は急減し、小作地率が上昇した。サイゴン米の価格（一〇〇キログラム当り）も、三〇年の一一・三四ピアストルから三二年には六・七二ピアストル、三四年には三・二六ピアストルに急落した。ベトナム南部では、三二年に抵当下にある米田は六〇万ヘクタールにおよび、フランス植民地政庁はパリ不動産銀行からの長期低利融資によって土地所有者層の救済をはかり、三四年には五〇ヘクタール以上の大地主の所有地は四八・五％になったという。

ジャワ糖の生産は、高収穫のサトウキビの導入により収穫量が増加したために過剰生産になり、二〇年代半ばから価格は下落し、在庫が増加した。ジャワ糖の主要輸出先はインドや中国などアジア市場であったが、ジャワ糖の輸出量は二〇年代末の約三〇〇万トンから三三〜三五年には一四〇万トンに半減し、ジャワ糖のロンドン市場価格（一〇〇キログラム当り）は二〇年代の三五・七ギルダーから三五年には四・四ギルダーにまで低落した。キューバやジャワなどの糖業代表者は三一年にチャドボーン協定を締結し、輸出制限による滞貨の減少と価格回復をはかった。オランダは三六年まで金本位制を維持したので、三〇年代になると輸出価格は相対的にたかくなって輸出不振におちいり、中小規模の農園は壊滅的な打撃をうけた。甘蔗農園の多かった中部や東部ジャワでは、輸出不振によって甘蔗農園の借地返還が促進されたために米生産は増加したものの、農民は借地料の値下げ、労賃カットや解雇による収入の激減とデフレによって大きな打撃をうけた。

ゴムの生産は、大戦後アメリカの好況に牽引されて回復したが、二〇年代には供給過剰により ロンドン市場のゴム価格（一ポンド当り）は二シリング一ペンスから二二年には九ペンスに急落したために、二二年にイギリスはスティーブンソン計画による生産と価格の統制を実施した。ゴム価格は二五年には二シリング一一ペンスに回復したものの、二八年のスティーブンソン制限の撤廃とともに生産過剰で価格はふたたび暴落し、さらに世界恐慌の影響で三〇年には六ペンス、三二年には二ペンスにまで急落した。三四年にはゴム生産の植民地をもつイギリス、オランダ、フランスとタイの四ヵ国で、生産割当制の導入、新規作付の禁止、植替・補植の制限などを内容とする国際協定がむすばれて価格は回復したが、四〇年まで一シリングを回復することはなかった。三〇年代にはイギリスやオランダ企業の収益率は急減し、配当率も低迷したためマラヤから撤退する企業もみられ、また大量のインド人移民労働者が解雇されてインドへ送還されたために、インド政庁は移民割当制を導入するにいたった。

大戦後の不況で落ちこんだ錫の生産はしだいに回復し、二五〜二九年にはブームをむかえた。

しかし、過剰供給と世界恐慌によってロンドン市場価格（トン当り）は二六年の二九一ポンドから三一年には一一八ポンドに暴落した。三一年にはイギリスを中心に主要関係地域による錫の生産・輸出規制がおこなわれ、さらに三四年には生産・輸出の割当協定がむすばれた。

植民地宗主国の対応

一次産品産出国の交易条件の悪化は、価格下落により輸出が減少し、植民地の購買力の低下をもたらしたので、宗主国にとっても大きな問題となった。こうしたなかで反植民地主義のナショナリズムの運動が高揚し、欧米の植民地宗主国はこれを緩和するために国際的なレベルでの対応を余儀なくされ、ゴム、茶、錫などの一次産品の国際商品協定をむすび、国際的な需給調整により価格の安定化をはかった。また植民地政府の経済への介入が強化され、たとえば蘭領東インドにおけるオランダの植民地政策は、三一年以降自由主義からしだいに保護主義に転換した。

イギリスやオランダのように自由貿易を基本とする植民地では、植民地工業化のための繊維産業などに対する関税保護政策はとられなかったが、三〇年代になると投資対象部門は一次産品などの輸出産業から製造業へシフトした。貿易拠点としての港市も急速に発展し、都市人口の増加につれて、都市部と農村部との地域経済格差は拡大した。このように三〇年代には、植民地政府による関税引上げや輸入割当制の導入など輸入規制が強化されたので、欧米の企業のなかにはブリテッシュ・アメリカン・タバコ、ユニリーバ、グッドイヤーなどのように関税障壁をのりこえるために現地生産をおこなう企業もあらわれた。

ラテン・アメリカの経済状況

最後にラテン・アメリカについてもふれておこう。ラテン・アメリカは、一九世紀にはイギリス資本によってチリの硝石や肥料としてのグァノ、アルゼンチンの農産物や畜産物が輸出されていたが、二〇年代になるとアメリカ資本が進出し、アメリカとの経済関係がつよくなった。二八年のアメリカの民間資本投資総額は五〇億ドルで、八五％が銅をはじめとする原料の生産や輸出部門にむけられた。ラテン・アメリカ諸国もチリの硝石と銅、キューバの砂糖、ブラジルのコーヒー、アルゼンチンの穀物と畜産物、コロンビアのコーヒーと石油など一次産品の輸出に特化していたが、世界恐慌による価格の下落と欧米市場での輸入関税の引上げによる輸出急減の影響は深刻であった。他方、工業品や食糧など生活必需品は輸入に依存していたので、貿易収支は逆超となり、その結果金保有高は急減し、二九年から三一年にかけてウルグアイ、アルゼンチン、ブラジル、メキシコ、コロンビアがあいついで金本位制を停止した。輸出の急減によって国家財政は急速に悪化して破綻状態になる国も多く、三五年末のラテン・アメリカ諸国に対する外国ドル債発行残高一八億七〇〇〇万ドルのうち八〇％に相当する一五億ドルが債務不履行となり、ブラジル、チリ、メキシコの不履行額は各々三億ドルに達した。こうしたなかで、三〇年代には外国資本に対する規制が強化され、ボリビアやメキシコなどでは外国石油企業が国有化された。

欧米諸国による植民地支配のバランスシートについては、イギリスにかんして帝国経費論争があるが、プラスであったとしてもマイナスであったとしても、植民地支配が肯定されるわけではない。一九世紀後半に植民地主義によって強化あるいは形成されたモノカルチャー経済は、第一次世界大戦と世界恐慌の影響、さらに東南アジアの場合には太平洋戦争期の日本の軍政で、構造的にいっそう複雑になった。第二次大戦後、旧植民地国の経済的自立が非常にむずかしくなる条件は、こうして形成された。植民地支配の遺産は、第二次世界大戦後七〇年近くをへた現在でも、いまだに解決されないままにのこされている。

第八章　戦後世界経済の再建と動揺

1　戦後世界経済の再建

IMF・GATT体制の成立

一九三九年九月、ドイツのポーランド侵攻とともに英仏両国はドイツに宣戦布告して第二次世界大戦がはじまり、アジアでは、四一年一二月に日本がハワイ真珠湾を奇襲して英米両国に宣戦布告して太平洋戦争がはじまった。世界は大きく連合国と枢軸国に二分され、ヨーロッパ、アジア、アフリカを戦場とする文字通りの世界大戦になった。ヨーロッパ東部戦線では四一年六月にドイツが独ソ不可侵条約を破棄してソ連に侵攻したが、四三年二月のスターリングラードの攻防戦で敗北すると、連合国軍は攻勢に転じ、四四年六月にはノルマンディーに上陸し、四五年五月にドイツは無条件降伏した。日本は、四二年六月のミッドウェイ沖海戦に敗北し、四三年のガダルカナル島撤退で敗北は決定的になり、四五年八月にポツダム宣言を受諾し、無条件降伏した。第二次大戦の主要国の戦費は総額で一兆ドル(アメリカは三四一〇億ドル)をこえ、戦死者は民間人をふくめて六〇〇〇万人にのぼったといわれている。

第二次世界大戦後の世界経済の再建では、大戦にいたった戦間期の反省から国際レジームの構造改革がおこなわれた。国際連盟が戦争の抑止力として機能しなかったことから、あらたに国際協調および平和維持のための機関として国際連合が創設され、米英仏ソ中(七一年までは台湾)の五大国が拒否権をもつ安全保障理事会が設置され、国連の権限が強化された。こうして戦後世界は、アメリカ、西ヨーロッパ、日本をふくむ西側自由主義諸国(第一世界)、ソ連、東欧、中国などの社会主義諸国(第二世界)、戦後あらたに政治的独立を達成した旧植民地やラテン・アメリカなどの第三世界の三つのグループから構成されることになった。

戦後の世界は「東西対立」と「南北問題」に象徴されるが、なかでも米ソ二大国の存在は大きく、両国は経済・軍事援助や技術協力を通じて第三世界との関係を強化しようとした。東西関係は当初の冷戦から五六年以降平和共存へ移行し、さらに七〇年代には多極化といわれる時代をむかえたが、九〇年の東西ドイツの統一など東欧社会主義圏の民主化がすすみ、九一年にソ連が解体するまで基本的な構造に大きな変化はなかった。

西側諸国の国際経済秩序は、アメリカのリーダーシップのもとに再建されたが、この「パクス・アメリカーナ」の最大の課題は、通貨と貿易の問題であった。第二次大戦によってアメリカの金保有量は、世界の金三八〇億ドルの半分強の二〇〇億ドルに増加した。戦間期における再建金本位制の失敗とブロック経済化にともなう世界貿易の縮小に対する反省から、国際貿易拡大のためには、加盟国の協調によるあらたな通貨・貿易体制を確立する必要があった。

戦後の通貨体制については、金本位制にかわるものとして、ケインズと米財務省のH・D・ホワイトの両案が対立した。ケインズ案は、多角的決済取引の中央銀行として国際清算同盟の設立と決済通貨としての「バンコール」の創設を想定したのに対して、ホワイト案は、米ドルを唯一の基軸通貨として為替安定化のための基金を設立するものであった。最終的には終戦に先立つ四四年七月に開催された連合国通貨金融会議で、ホワイト案にそって、四五年末に国際協調機関として国際通貨基金（IMF）と資金供給の機関として国際復興開発銀行（世界銀行、IBRD）が設立された。IMFは国際的な「最後の貸し手」として国際流動性の不足を回避し、国際収支の不均衡は為替レートの調整で可能になる。この体制は、会議開催地となったアメリカのニューハンプシャー州の地名をとってブレトン・ウッズ体制とよばれている。

貿易については、国際貿易機関（ITO）の設立が計画されたが、アメリカが批准しなかったために、自由・多角・無差別を基本とする関税と貿易に関する一般協定（GATT）がむすばれた。この戦後の通貨・金融システムの安定化と資本・貿易の自由化の枠組は、総称してＩＭＦ・ＧＡＴＴ体制とよばれる。ＩＭＦ・ＧＡＴＴ体制は、戦後あらたに構築された体制というよりも、戦間期の欧米地域の主要国間の相互貿易をモデルとするもので、先進国に有利に機能するシステムであった。日本は五二年にＩＭＦと世界銀行に加盟したが、ＧＡＴＴへの加盟申請は、日本の三〇年代の低為替政策による繊維製品の輸出急増に対する不信感が根づよく、五五年に正式加盟が認められたものの英連邦諸国を中心に一四ヵ国とのあいだでは譲許税率が適用されなかった。

　ブレトン・ウッズ体制は、ドルを国際通貨とする金為替本位制で、ドルのみが金にリンクし、他の通貨はドルを通じて間接的に金にリンクする固定為替相場制（一ドル＝三六〇円）であったので、実質的には金・ドル本位制といえる。この体制は、一九二〇年代の再建金本位制に類似しているが、大きな相違はＩＭＦやＧＡＴＴという国際的な調整・協調機関が組織されたことであった。しかし、四八〜六七年に加盟一〇九ヵ国中六九ヵ国が二回以上の為替切下げによる通貨調整をおこなったことからもわかるように、戦間期と同様に、通貨調整の自動的なメカニズムは形成されず、事後的な人為的調整以外に解決方法がなかったことが最大のウィーク・ポイントで、そこに通貨調整機関としてのＩＭＦの限界があった。

ブレトン・ウッズ体制の崩壊

ブレトン・ウッズ体制はドルに対する信認によって保証された国際通貨システムで、社会主義国との対抗を意識した戦後ヨーロッパの早期経済復興のために、マーシャル・プラン（欧州復興計画）による経済援助がおこなわれたのに対して、東側諸国では四九年にソ連の主導下にCOMECON（経済相互援助会議）が設立された。アメリカによる四六〜五二年の経済援助総額は、マーシャル・プランをふくめて約三一〇億ドルにのぼり、こうした経済援助は、ドル不足を解消させると同時に、アメリカ国内の産業に輸出需要を創出し、世界経済の回復の牽引力となった。しかし、世界貿易の拡大とともにドルは過剰供給になり、R・トリフィンが「流動性のジレンマ」とよぶように、基軸通貨の供給と信用の維持を同時に達成することはむずかしく、ドルに対する信認はしだいに失われてドル危機をまねき、同時に世界的なインフレをひきおこした。日本と西ドイツの急速な経済成長による貿易黒字の増加とは対照的に、アメリカの貿易収支は悪化し、アメリカの相対的地位は低下した。

ブレトン・ウッズ体制は、アメリカがドルを金と交換できるだけの十分な金準備をもっていることを前提とするもので、五〇年代末にはアメリカの金保有高は対外流動資産残高を上回っていたが、六〇年代になるとベトナム戦費など財政支出の急増と石油メジャーを中心とする多国籍企業の対外投資の増加により財政赤字と国際収支の悪化が顕著になり、ドルの信認低下とともに、ドル不安からしだいにドル危機に変化した。主要国はドル防衛のために金プールやスワップ協定による国際協力を実施したが、六八年にはドルと金との交換は事実上停止された。六七年末以降英ポンドや仏フランの切下げ、西独マルクの切上げなど通貨調整がつづき、七一年五月には西ドイツとオランダが変動為替相場制に移行した。七一年八月にニクソン米大統領は、諸外国の保有ドルがアメリカの交換可能な金の保有量約七〇〇億ドルを上回ったために、ドルの金兌換を停止した(「ニクソン・ショック」)。金・ドル交換停止をうけて主要国は変動為替相場制に移行したが、同年一二月のスミソニアン合意で為替レートの再調整がおこなわれ、ドルは金一オンス三五ドルから三八ドルに切り下げられた(一ドル＝三〇八円)。しかし、金・ドル交換停止のもとでの固定為替相場制の維持はむずかしく、スミソニアン体制は一年余で終焉し、七三年二月以降イギリス、日本、ＥＣ諸国は変動為替相場制へ移行した。各国の通貨当局の裁量による市場介入や為替管理強化など金融政策の役割が増大し、円は一ドル＝二六五円前後におちついた。これはブレトン・ウッズ体制の最終的な破綻を意味したが、ドルにかわる基軸通貨はなく、アメリカのリーダーシップの相対的低下のもとでドル中心のシステムがつづくことになった。

貿易はIMF・GATT体制のもとで拡大し、六〇年代にはケネディ・ラウンド（六四〜六七年）、七〇年代には東京ラウンド（七三〜七九年）とよばれる一連の多角的貿易交渉がおこなわれ、多角・無差別の原則にもとづいて農産物や工業品などモノを中心に関税率引下げや非関税障壁の撤廃など貿易や資本の自由化が積極的にすすめられた。

2　「南北問題」の登場

戦前と戦後の貿易と資本移動

一九世紀半ば以降の交通・通信革命によって市場と生産のグローバル化と世界経済への統合化がすすみ、各地域や各国経済の相互依存関係が緊密になった。表8-1および表8-2は、一九一四〜二〇一二年の海外直接投資残高の主要投資国および投資受入地域をしめしている。戦前期には、イギリスが投資総額の約四〇％をしめる最大の投資国で、海外投資は証券投資からしだいに直接投資に移行した。投資受入地域では、戦前期にはアジアやラテン・アメリカ諸国への投資が六〇％強をしめ、なかでもアルゼンチン、チリ、ペルー、ブラジルなどが主要な投資先であったが、戦後になると西ヨーロッパやアメリカ向けの先進国間の相互投資が増加した。投資形態では、戦前期には民間直接投資が主体であったのに対して、戦後になると先進国から途上国への資金移転のパターンが変化し、カントリーリスクのたかい旧植民地国への民間投資は減少し、それにかわって政府開発援助（ＯＤＡ）や、ＩＭＦや世界銀行など国際機関による経済開発援助が増加した。投資対象部門も、戦前期の鉱山やプランテーションなど一次産業や鉄道への投資から、戦後には労働集約的な製造業や保険・金融などサービス産業にシフトした。

貿易関係は、戦前期の欧米の宗主国と植民地との原料や農産物などの一次産品を主とする垂直貿易から、戦後には工業品を中心とする先進国間の水平貿易に移行し、とくに六〇年代には西ヨーロッパ、アメリカ、日本など技術革新にもとづく高成長がつづき、先進国間の貿易と資本の相互依存関係が拡大した。

国連貿易開発会議（UNCTAD）とプレビッシュ報告

第二次世界大戦後多くの植民地が政治的独立を達成し、五五年にはインドネシアのバンドンでアジア・アフリカ会議が開催され、第三世界の連帯が強化された。これらの国々のつぎの国家目標は経済的自立、いいかえれば植民地的なモノカルチャー経済からの脱却と国民経済の樹立によって脱植民地化をはかることであった。先進国は五〇～六〇年代の高成長で一人当りの所得や生活水準が急上昇したのに対して、旧植民地国では、西欧モデルの開発理論が適用されて投資が増加したにもかかわらず工業化はすすまず、先進国と途上国との経済格差は拡大し、「南北問題」が表面化した。第三世界は、冷戦を背景に米ソ両国がそれぞれに経済援助を通じて政治的影響力を拡大する格好の場となり、経済ナショナリズムの高揚のなかで反帝国主義・反植民地主義の政治的スタンスから社会主義に同調する国々も多かった。

国連は一九六〇年代を「国連開発の一〇年」と名づけ、旧植民地国の経済的自立と経済発展

（単位：10 億ドル，（　）内は%）

2000	2012
7,100.1（89）	18,858.8（79）
1,531.6（19）	5,077.8（21）
923.4（12）	1,738.1（7）
445.1（6）	1,540.1（6）
486.8（6）	1,539.8（6）
278.4（3）	1,037.7（4）
887.8（11）	4,600.9（19）
8,008.4（100）	23,916.3（100）

（単位：10 億ドル，（　）内は%）

2000	2012
5,681.8（76）	14,536.0（63）
1,421.0（19）	3,057.3（13）
3,018.6（40）	8,223.8（35）
1,771.5（24）	7,945.3（34）
1,108.2（15）	4,881.5（7）
507.3（7）	2,384.8（10）
153.7（2）	656.6（3）
7,511.3（100）	23,304.4（100）

表 8-1　海外直接投資残高(投資国別)

投資国	1914	1938	1960	1980
先進国	14.3(100)	26.4(100)	66.0 (99)	497.5 (97)
アメリカ	2.7 (19)	7.3 (28)	32.8 (49)	215.6 (42)
イギリス	6.5 (45)	10.5 (40)	10.8 (16)	74.2 (15)
フランス	1.8 (12)	2.5 (9)	4.1 (6)	20.0 (4)
ドイツ	1.5 (10)	0.4 (1)	0.8 (1)	37.6 (7)
日　本	0 (0)	0.8 (3)	0.5 (1)	37.1 (7)
新興国・途上国	—	—	0.7 (1)	14.0 (3)
総　計	14.3(100)	26.4(100)	66.7(100)	511.5(100)

表 8-2　海外直接投資残高(受入国別)

受入国	1914	1938	1960	1980
先進国	5.2 (37)	8.3 (34)	36.7 (67)	313.7 (71)
アメリカ	1.5 (10)	1.8 (7)	7.6 (14)	68.4 (16)
西ヨーロッパ	1.1 (8)	1.8 (7)	12.5 (23)	166.0 (38)
新興国・途上国	8.9 (63)	16.0 (66)	17.6 (32)	117.4 (27)
アジア	3.0 (21)	6.1 (25)	4.1 (8)	30.3 (7)
ラテン・アメリカ	4.6 (33)	7.5 (31)	8.5 (16)	62.3 (15)
アフリカ	0.9 (6)	1.8 (7)	3.0 (6)	12.4 (3)
総　計	14.0(100)	24.3(100)	54.5(100)	440.9(100)

資料）1914〜60 年は，J. H. Dunning, ‘Changes in the level and structure of international production’, in M. Casson (ed.), *The growth of international business* (G. Allen & Unwin, 1983), pp. 87-88; J. M. Stopford and J. H. Dunning, *Multinationals: company performance and global trends* (Macmillan, 1983), pp. 5, 6, 12; 2000 年および 2012 年は，UNCTAD, ‘Inward and outward foreign direct investment stock, annual, 1980-2013’ および OECD, ‘Foreign direct investment statistics’ より作成.

注）1960 年および 80 年のドイツは西ドイツ．1960 年および 80 年の受入国のうち，西ヨーロッパは日本をふくむ．ただし，日本の比率は各々 0.1%，1.5% にすぎない．2000 年および 2012 年の受入国の西ヨーロッパは EU，ただし 2000 年の EU は 2002 年の数値.

を最大の課題とした。六三年に国連貿易開発会議（ＵＮＣＴＡＤ）が設立され、翌年に第一回の貿易開発会議が開催された。ＵＮＣＴＡＤの主張は初代事務局長のラウル・プレビッシュの「開発のための新しい貿易政策を求めて」（プレビッシュ報告）に要約されており、低開発国の経済成長率を先進国並みの五％に引き上げるためには経済発展の障害となっている外貨不足と交易条件の悪化を解消する必要があり、先進国は一次産品の積極的購入や関税の低減などの制度的枠組をつくることが重要であるという。

こうした考え方の背景には、ラテン・アメリカでつよい影響力をもつ従属理論があった。従属理論も多様であるが、西ヨーロッパによるラテン・アメリカの搾取・収奪を強調する点では共通しており、フランクの「低開発の発展」やアミンの世界資本蓄積論、不等価交換による価値移転の理論などが知られている。フランクによれば、経済発展と低開発は同じコインの表と裏の関係にあり、「低開発は、経済発展を生み出しているのと同じ歴史過程、つまり資本主義の発展そのものによって創出されてきた」（『世界資本主義と低開発』）とし、一六世紀以降の資本主義の世界的拡大・発展という歴史過程が、同時に経済発展と低開発を構造的に生み出し、そしていまも生み出しているという。

中国とインドの経済成長

一九四九年に成立した中華人民共和国は、ソ連の援助をうけて第一次五ヵ年計画（五三～五七年）で重工業を中心とするソ連型の計画経済モデルを導入したものの成果はあがらず、つづく大躍進政策（五八～六〇年）では工業生産の拡大と同時に人民公社方式による農業改革をおこなったが、これも失敗におわった。中国共産党主席の毛沢東は五六年からはじまるソ連の平和共存路線への転換を修正主義として批判し、独自の社会主義路線をとることになったために、六〇年にソ連は中国への経済援助を停止して技術者をひきあげ、中ソ対立が決定的になった。その後の文化大革命（六六～七六年）で中国経済は混乱し、七八年以降鄧小平のもとで国営企業の民営化や外資導入など市場経済メカニズムをとりいれた改革開放政策に転換し、上海など沿海部の経済特区を中心に急速な経済成長がみられたが、開放経済の進展によって都市と農村の経済格差や世界的な民主化運動の高揚のなかで政治的民主化の遅れが顕著になった。

インドは、政府主導によるソ連型の重化学工業中心の工業化政策を採用した。インドの経済成長率は、植民地期の年一％から独立後の五〇～六〇年代半ばには三～四％に上昇し、八〇年代以降は五％以上の成長率を実現した。こうした経済成長をささえた基礎には、六〇年代に品種改良による高収量品種の導入や化学肥料の多投による穀物生産の増加、いわゆる「緑の革命」がインド全域に普及して農業成長と農民所得の上昇が生じ、それが農村市場の拡大をもたらした(柳澤悠『現代インド経済』)。同時に、一九世紀半ば以降植民地下において移転された科学技術がインド化されて定着したことも、独立後のインド経済の基礎を形成したといえる。

3　変動為替相場制下の世界経済

アジアNIEsの発展と「開発独裁」

こうした「南北問題」の解決の方向が模索されるなかでおきたのが、ブレトン・ウッズ体制の崩壊であった。七〇年代は変動為替相場制に移行したというだけでなく、七三年と七九年の二度にわたり石油危機がおき、先進国の経済成長にとってエネルギーの有限性があらたな不可避の課題として登場した。

途上国の経済開発は、経済援助や貿易の拡大によっても進展がみられなかったので、しだいに国際経済システムそのものが問題視されるようになった。七四年の国連資源特別総会では「新国際経済秩序(NIEO)樹立宣言」が採択され、国家間の不平等の是正と資源主権の確立などにもとづいて開発問題がとりあげられ、IMF・GATT体制は先進国に有利に作用する体制で、南北間格差を固定化するものとして変革の必要性が強調された。しかし、国際通貨システムの動揺と石油価格の高騰で先進国の経済が低迷したために、南北格差の問題はそれ以上の議論をみないままに表面から消えてしまったが、九〇年代以降、地球環境問題というあらたな枠組のなかでふたたび表面化することになる。

他方、第三世界のなかでも構造変化が生じた。ひとつは韓国、台湾、香港、シンガポールなどアジアＮＩＥｓのめざましい経済成長であり、もうひとつは資源主権をもつ産油国が石油価格の高騰によって巨額のオイルマネーを得たことであった。これによって第三世界が分化して経済格差がうまれ、あらたに「南南問題」が顕著になった。アジアＮＩＥｓは、従来の一次産品の生産と輸出ではなく、積極的な外資導入によって工業品の生産と輸出をバネに国内の経済成長をはかる輸出主導型の経済成長のパターンで共通していた。タイやインドネシアもふくめてのちに「東アジアの奇跡」（世界銀行報告）と評されたこの地域の経済成長率は、六五〜九〇年には年平均五％に達した。この地域では、各国通貨がドルにペッグする固定為替相場制で安定しており、しかもドル安が基調であったために輸出が促進されたが、九五年以降ドル高に転じると、経済成長への疑念とヘッジ・ファンドを主とする機関投資家による通貨の空売りによって資本逃避がおこり、九七年にタイのバーツの急落からはじまるアジア通貨危機となってあらわれた。

アジアＮＩＥｓは、豊富な低賃金労働の比較優位をいかした労働集約品の生産に特化し、先進国向けに輸出するというパターンをとり、輸出品は当初の繊維製品からしだいにＩＴや家電製品のパーツ生産にシフトした。経済成長のパターンの特徴は、輸出主導型というだけではなく、強力な権力をもつ政府主導でおこなわれる「開発独裁」による経済成長でもあった。フィリピンのマルコス政権やインドネシアのスハルト政権に代表される開発独裁政権では、軍部出身者や官僚など一部のエリートが国家権力を独占し、利権を私物化したために汚職などが蔓延した。強力なリーダーシップがあったからこそ短期間での経済成長が可能であったともいえるが、民主化とは相反するもので、政治的民主化と経済的自由化という世界的な大きな流れのなかで開発独裁も変容を余儀なくされた。

世界経済の再編と新自由主義の台頭

一九八〇年代には、金融の自由化とＩＴなど通信技術の革新の影響をうけて、国際分業システムが再編された。表9は一九七〇年以降の主要国のＧＤＰの推移をしめしているが、先進国では所得水準および賃金の上昇にともなって生産コストが上昇し、新興国や途上国の労働集約

表9　世界主要国のGDP

（当年価格，単位：10億米ドル）

	1970	1980	1990	2000	2010
アメリカ	1,025	2,768	5,755	9,899	14,447
中　国	92	307	404	1,193	5,739
日　本	203	1,071	3,058	4,667	5,459
ドイツ	209	920	1,714	1,886	3,280
フランス	146	690	1,244	1,326	2,560
イギリス	124	542	1,013	1,477	2,254
ブラジル	35	191	402	645	2,089
イタリア	109	460	1,133	1,097	2,051
インド	61	185	327	468	1,722
カナダ	86	269	583	725	1,577
ロシア	n.a.	n.a.	561	259	1,480

資料）United Nations, 'National Accounts Main Aggregates Database'（http://unstats.un.org/unsd/snaama/）より作成.

注）1990年以前の「ドイツ」は「西ドイツ」.

的な製品に対する価格競争力が低下した。そのために先進国は、石油化学製品や電子製品など高付加価値の知的集約品の生産へシフトするとともに、アジアＮＩＥｓなど一部の新興国を組みこんで先進国相互間の貿易や投資の拡大をはかった。

こうした世界経済の構造的な変化を反映して、ＧＡＴＴ体制の自由・無差別・多角の原則に変化はないものの、八〇年代半ば以降になると多角的貿易交渉の内容も変化し、ウルグアイ・ラウンド（八六～九四年）では、知的財産権や金融、保険、情報通信などモノ以外のサービスなどに対象が拡大された。

ＧＡＴＴは、九五年に各国の一般協定から国連組織としての世界貿易機関（ＷＴＯ）に発展的に解消されたが、二〇〇一年からはじまるドーハ・ラウンドでは、先進国と新興国・途上国との利害の対立から交渉は完全に行きづまってしまった。

七〇年代末から八〇年代にかけて国際的な規模で金融ビッグバンがおこなわれ、金融の規制緩和や自由化がすすんだ。八〇年代になると新自由主義《ネオリベラリズム》といわれる市場原理主義の潮流がつよくなり、イギリスのサッチャー政権、アメリカのレーガン政権、日本の中曽根政権にみられるような金融自由化や規制緩和などの経済政策がとられるようになった。

アメリカの経済力の低下は、七〇年代を通じてしだいにドル安になったことにもあらわれた。アメリカの貿易収支の赤字は七六年から増加しはじめ、八三年以降は国際収支も赤字に転じ、同時に国内の財政収支も七五年以降赤字が増加して恒常化し、貿易収支も財政収支もともに赤字となる、いわゆる「双子の赤字」になった。また対外投資ポジションも、八五年には直接投資の輸出国から純輸入国に転換した。レーガン米政権は、「小さな政府」の実現と民間経済活性化のために大型減税や規制緩和などの政策を推進したが、減税分が貯蓄にまわされて投資拡大効果をもたらすと期待されたものの、逆に消費市場が拡大して輸入増加とドル高がすすみ、貿易赤字は拡大した。

貿易不均衡とプラザ合意

アメリカとは対照的に、日本と西ドイツの貿易黒字は急増し、貿易収支不均衡の是正が大きな問題になった。六〇年代以降日本からの輸出は増加したが、七〇年代には先進国が低成長にくるしむなかで、鉄鋼、自動車、カラーテレビやビデオ・テープ・レコーダなどの家電製品がアメリカやＥＣ諸国に輸出されるようになり、貿易収支の不均衡の拡大と貿易摩擦をひきおこした。日本製品の輸出拡大が欧米諸国の基幹産業である鉄鋼業や自動車産業を直撃し、失業問題が表面化しただけに事態は深刻で、八〇年代にはトヨタ、ホンダ、日産などの自動車企業はイギリスやアメリカでの現地生産に転換した。

西側諸国の国際経済システムにとって基軸通貨ドルの再建が最大の課題で、八五年のプラザ合意ではアメリカ経済再建のために為替レートの再調整がはかられた。プラザ合意で、円は一ドル＝二四〇円前後から翌年には一三〇〜一四〇円になり、急激な円高がすすんだものの、日米貿易の不均衡は改善されなかったので、アメリカは日米構造協議などで日本の排他的な商取引慣行や系列など非関税障壁の撤廃をもとめた。

日本は、円高不況対策として財政拡張政策と金融緩和政策をとるとともに、日米関係にとって貿易不均衡の是正が必要であるという政治的判断から市場開放と都市再開発など大規模開発プロジェクトを実施して内需拡大政策を推進した。金融緩和政策によって生じた余剰資金は国内外の不動産や株式の投資にむけられ、八〇年代後半には株価と地価の熱狂的なバブルをひきおこした。この時期には、円高のために日本のECやアメリカ向けの証券投資が急増し、また自動車や電機・機械産業では海外への移転による現地生産がすすみ、国内的には産業空洞化がすすんだ。

しかし、企業の海外移転は海外資産の増加による利子や配当収入などの所得収支の増加をもたらす。日本の輸出貿易は、円高による原料・資源や製品用機械機器の輸入価格の低下によるメリットにささえられてきたが、円安がすすむと、逆にこうしたメリットが失われて輸入価格が上昇し、輸出が停滞ないしは減少するおそれもつよい。

途上国の累積債務問題

途上国への開発資金の融資は、IMFや世界銀行など国際機関や民間銀行によっておこなわれている。七三年の第一次石油危機を機に、産油国のオイルマネーはユーロダラー市場を介してアメリカに還流し、先進国の景気低迷で融資先がかぎられていたアメリカの民間銀行は、開発資金の需要のたかかったブラジル、メキシコなどラテン・アメリカ諸国を中心に多額の融資をおこなった。これらの途上国は一次産品の輸出と輸入代替化による工業化政策を積極的にすすめており、七〇年代には金利も低かったので、民間銀行から多額の融資をうけたが、八〇年代になるとアメリカのドル高・高金利政策によって一次産品の交易条件は悪化し、輸出が停滞した。また途上国でも財政赤字やインフレで経済環境が悪化し、累積債務問題が表面化した。八二年にはメキシコが元利返済不能におちいり、さらに八七年にはブラジルが民間機関への中長期債務利払いを停止した。途上国の累積債務は七〇年代後半から急増し、八七年末には債務総額は約一兆二二〇〇万ドルにのぼった。アジアやアフリカへの融資が公的機関による融資の比重が大きかったのに対して、ラテン・アメリカでは民間債務が約六〇％をしめ、なかでもブラジル、メキシコ、アルゼンチンなど中所得国の債務残高が大きかった。

新自由主義的な経済政策を背景に、ＩＭＦや世界銀行はこうした累積債務問題を構造的な問題としてとらえ、八〇年代には途上国への融資条件として財政緊縮、貿易・投資の自由化、公共部門の民営化、規制緩和など市場経済メカニズムにもとづく構造調整政策をなかば強制し、途上国の経済成長と債務返済のふたつの課題を同時に解決しようとした。こうした政策は、米財務省やＩＭＦと世界銀行の本部がワシントンにあることから「ワシントン・コンセンサス」とよばれている。

地域統合国家の形成

地域経済統合は、市場規模の拡大と域内自由化による経済的利益の増加を目的としておこなわれるが、ヨーロッパにおける近代国民国家の形成自体が経済統合の歴史でもあった。ヨーロッパ統合への動きは第二次大戦後にはじまるわけではなく、一九世紀初めのナポレオン戦争以降のヨーロッパの歴史的所産で、クーデンホーフ・カレルギーの「パン・ヨーロッパ」綱領などの統合論もヨーロッパの政治・経済の緊密化を背景として主張された。一九二〇年代末以降のヨーロッパは各々の国益が衝突し、脱統合化という逆の方向にむかうことになったが、統合への希望はヨーロッパの意識のなかで消えることなくもちつづけられた。

二度の大戦によるヨーロッパの政治的経済的地位のいちじるしい低下は、統合の必要性をつよく認識させた。西ヨーロッパの統合は経済分野からはじめられ、五三年にシューマン仏外相のプランにもとづいてフランス、西ドイツ、イタリア、ベルギー、オランダ、ルクセンブルクの六ヵ国により欧州石炭鉄鋼共同体（ECSC）が発足した。五七年にはローマ条約が調印され、翌年欧州経済共同体（EEC）と欧州原子力共同体（EURATOM）が設立され、六七年には三共同体が統合されてヨーロッパ共同体（EC）が発足した。イギリスやフランスなどでは経済計画による復興がはかられ、石炭・電力・ガスなどエネルギーや運輸部門で国有化がすすみ、混合経済体制の色彩が濃くなった。

この過程でフランスと西ドイツとの関係が強化されたのに対して、イギリスは共同体の超国家的性格による国家主権の制約と英連邦諸国に対する既得権益の喪失を懸念してＥＣＳＣに参加しなかったが、このことはイギリスからヨーロッパ統合の主導権を永遠にうばうことになった。ＥＣは六〇年代末までに関税と共通農業政策について基礎をかため、経済通貨同盟の形成と組織拡大をあらたな目標として設定し、七三年に欧州通貨協力基金（ＥＭＣＦ）を設置し、イギリス、デンマーク、アイルランド、さらに八一年にギリシャ、八六年にスペインとポルトガルが加盟して一二ヵ国に拡大した。関税同盟から経済通貨同盟への移行は、六〇年代末〜七〇年代初めの通貨危機を機に促進され、七三年には共同変動相場制が実施され、七九年にはイギリスをのぞくＥＣ加盟八ヵ国により欧州通貨制度（ＥＭＳ）が発足した。八〇年代になると停滞していた統合への動きはふたたび活発になり、八六年には単一欧州議定書が調印され、九二年までに域内統合市場の完成と欧州議会の権限強化による統合をすすめることが明記され、九三年のマーストリヒト条約の発効によってＥＣは欧州連合（ＥＵ）に改称された。さらに九八年には欧州中央銀行（ＥＣＢ）が設立され、九九年には域内共通通貨ユーロがスタートし、二〇〇二年にはユーロ紙幣と鋳貨が流通するようになった。

二〇〇四年以降は中東欧諸国がEUに加盟し、現在加盟国は二八ヵ国になっているが、中東欧諸国の多くは農業国で、財政基盤もよわい国が多く、ヨーロッパの一体性をささえるためにはドイツやフランスなど中軸国に依存する度合がつよくなっている。二〇一三年現在、EU二八ヵ国の面積は四五一三万平方キロメートル、人口五億二〇〇〇万人、二〇一二年のGDPは一二兆九四五四億ユーロでアメリカを凌ぎ、貿易の約三分の二は域内でおこなわれている。加盟各国の国家主権とEUの超国家的性格との関係、EU内部の経済格差の是正、労働力や移民問題が当面の課題であるが、ヨーロッパの存在感がたかまったことは事実である。このようにヨーロッパの統合は、一九世紀以来の経済規模の拡大に対応した領域国家から近代国民国家、さらに地域統合国家という国家形態の拡張の延長線上に位置づけられるもので、国家主権にもとづくヨーロッパ的近代国民国家像を超えたあらたな地域統合国家の構築という歴史的実験であり、ヨーロッパ自身の過去の歴史に対する挑戦であるということができる。

多国籍企業の展開

EUにみられるあらたな地域統合国家とならんで、世界経済において重要性をもつようになったのは、従来の国民国家を超えて急速に政治的機能をもちつつある多国籍企業の存在である。多国籍企業は石油、自動車、電機、金融・サービスなどの分野で、国境を超えた経済活動を展開する企業で、現在の代表的な多国籍企業として、エクソン・モービル(米)、シェブロン(米)、ロイヤル・ダッチ・シェル(蘭)、BP(英)、トタル(仏)などの石油資本*、GM(米)、フォード(米)、トヨタ、フォルクスワーゲン(独)、ダイムラー(独)などの自動車、J・P・モルガン(米)、HSBC(英)、シティ・グループ(米)などの金融、GE(米)やサムスン(韓国)などの電機、三井物産や三菱商事などの商社、ホリディ・イン、インターコンチネンタルなどのホテルのほか、ウォルマート(米、小売)、アップル(米)、AT&T(米、通信)、アクサ(仏、保険)、グレンコア(スイス、鉱山)、バークシャー・ハサウェイ(米、投資)などがある。そのほかの大企業として、中国国営企業の中国石油化工集団、中国石油天然気集団、国家電網(電力)があげられる。『フォーチュン』誌の二〇一三年度版によると、世界の大企業上位五〇〇社(売上高)の国別企業数は、アメリカ一三二社、中国八九社、日本六二社、以下フランス、ドイツ、イギリス、スイス、韓国とつづいており、近年は日本以外のアジア系企業の進出がめざましい。アメリカ企業が多いのは、第一次大戦以降、とくに第二次大戦後のつよいドルを背景に顕著になった現象である。

＊　かつてのスタンダード石油の系列企業は、エクソン・モービル、シェブロン、BPなどの一部に再編されている。

第二次大戦後IGファルベンなど戦前期のトラストや日本の財閥は解体され、多国籍企業もあらたな環境のもとに再編を余儀なくされた。民間企業の海外直接投資は、六〇年代以降資本の自由化の進展にともなって急増したが、大きな特徴は、企業内取引もふくめて先進国の相互投資が顕著になったことである（表8／二一二～二一三頁）。この傾向はフロー（資金の流れ）においても同様で、新興国や途上国に対する民間直接投資の重要性は戦後一度減少したものの、ふたたび増加の傾向にある。第二次大戦後においても直接投資の主要な動機は市場アクセスであるが、先進国の新興国や途上国に対する投資対象部門は、戦前期の一次産業から労働集約的製造部門や保険・金融などサービス部門に移行しており、また地域的には東南・東アジアやラテン・アメリカの特定国に集中する傾向がある。

多国籍企業は、国際的な政治経済環境に適応して、関連部門の内部化により多部門化・多機能化をはかりながら巨大企業に成長してきたが、世界経済における多国籍企業の重要性が指摘されるようになったのは、六〇年代以降のことである。多国籍企業は、六〇年代には海外直接投資にともなうたんなる為替リスクの回避やヘッジから、機関投資家として国際金融市場の緊密化による為替相場の変動を利用した投機取引をおこなうようになった。七〇年代以降は不採算部門の統廃合により従来の機能の一部を切り離して外部化し、伝統的な完全・多数株所有による子会社・関連会社の支配から、合併、下請制度、ライセンス協定などによる効率的な経営支配・管理に移行して、コストやリスクの低下と生産性・収益性の増加を同時にめざした統合的な生産ネットワークの形成をはかるようになった。

多国籍企業の投資が当該国にとって、デモンストレーション効果や雇用の創出などリンケージ効果をもたらすか、あるいは国内の競争企業の成長を阻害するマイナス効果をもたらすかは、国や地域によって異なる。しかし、こうした多国籍企業は、グローバルな戦略から経済的合理性を追求するために、国際法に束縛されない政治経済的機能をもつだけではなく、国際労働基準や環境保護や安全性など地域利害を軽視する傾向もつよい。また一企業で中小国のGDPを上回る売上高を達成する企業も多く、国際経済システムの最大のウィーク・ポイントである金融市場で機関投資家として大規模で投機的な通貨取引や株式売買をおこなうので、グローバル経済の攪乱要因になっている。九四年のメキシコ、九七年のアジア通貨危機、さらに九八年のロシア、九九年のブラジル、二〇〇一年のアルゼンチンの通貨危機のように新興国の通貨不安をひきおこし、世界経済の混乱をまねいた。スーザン・ストレンジは、こうした九〇年代の機関投資家によるマネーゲームを「カジノ資本主義」とよんでいる。モノとカネの動きは歴史的にも逆相関の関係にあったが、金融自由化と情報革命の進展にともなう国際金融市場の緊密化は、リスク・ヘッジとして実態をともなわない金融派生商品《デリバティブ》をうみだし、実体経済とかけ離れたところでカネだけが自立して動くようになり、世界経済の不安定な局面をいっそう増幅している。

ソ連および東欧の社会主義圏の終焉

ソ連および東欧諸国は、六〇年代からCOMECONのもとで競争にもとづかない社会主義国際分業の原則にそって相互経済協力をはかり、域内取引は約五〇％におよんだ。七〇年代半ばまでは、国家による資金配分がおこなわれる中央指令型経済システムのもとで生産財生産部門優先の工業化政策が実施され、比較的順調な経済成長がみられた。とくにデタントのすすんだ六〇年代後半以降は、西側諸国の技術と資本財の導入が積極的におこなわれたが、第一次石油危機以降の西側諸国のインフレと景気後退の影響をうけて、七〇年代後半から成長が鈍化したために対外債務が急増するとともに、七〇年代には農業や消費財生産の立遅れがめだつようになり、また生産規模の拡大とともに労働力不足も深刻になった。

ソ連の実質経済成長率の公式統計は隠れたインフレがあるために過大評価になっていると指摘されているが、五〇年代には一〇%、六〇年代〜七〇年代前半には七%弱という高い成長率が達成されたあと、七〇年代後半から八〇年代前半には約四%に鈍化した。とくにブレジネフ時代(一九六四〜八二年)の後半には社会主義計画経済の非効率性がしだいに顕著になり、巨額の軍事支出によって財政状態が悪化し、消費財の不足とインフレ(公定小売価格の上昇)、資材の老朽化、インフラ整備の立遅れによる物流の停滞、社会格差の拡大、官僚化や腐敗の横行など共産党による政治システムの硬直化などの問題がしだいに表面化した。

東欧諸国も一九五〇〜七三年には年平均三・三%の経済成長をとげたが、七〇年代半ばから成長率は鈍化し、八〇年代には一・二%に落ちこんだ。七〇年代には輸出競争力強化のために西側諸国からの借款により先進的技術の導入や資本財の輸入が促進されたが、第一次石油危機以降の西側諸国の緊縮財政政策や国際的な金利上昇で輸出が減少し、その結果、利子負担が増加して国際収支が悪化し、対外債務が増加した。

こうした政治的経済的行きづまりのなかで、八五年に党書記長に就任したゴルバチョフは、ペレストロイカ(改革)とグラスノスチ(情報公開)をスローガンに、中央による規制緩和や企業の自由裁量権の拡大などの市場経済の導入や党機構の改革などを推進し、ソ連経済の再建をはかった。しかし、ペレストロイカによる一連の経済改革は、国営大企業の独占体制など旧システムの構造をのこしたまま実施され、また金融・資本市場や労働市場も形成されていなかったので、市場経済システムが機能することなく、経済は混乱した。こうしたソ連における改革への動きは東欧諸国へも波及し、政治的民主化をもとめる市民運動が高揚し、八九年末にはベルリンの壁が開放され、九〇年に東西ドイツが統一された。ソ連でも政治的民主化がすすんで各共和国の主権が強化されたために、中央指令型の経済システムは機能しなくなり、九一年にはCOMECONが解散し、同年末にソ連が解体して独立国家共同体(CIS)が成立した。こうしてソ連・東欧の社会主義体制は崩壊し、いちはやく社会主義市場経済を導入した中国やラテン・アメリカの一部の社会主義政権をのぞいて、二〇世紀を象徴した資本主義と社会主義の併存の構造は一世紀をまたずに終焉した。

エピローグ――ふたたびアジアの時代へ

1　グローバル経済の再編

プレイヤーの交替

近代以降の世界経済の形成は国民経済の統合化の過程であったが、ソ連と東欧の社会主義圏の解体によって二〇世紀を特徴づけていた冷戦構造が終焉し、西側諸国の市場経済メカニズムの優位が確立した。このトリガーとなったのは、一九八〇年代以降の情報通信の技術革新と低コスト化による経済のグローバル化と、政治的民主化運動の拡大であった。社会主義圏の解体で、アジアNIEsやBRICSなど新興国を組みこんだあらたな国際分業にもとづく経済システムの再編がすすみ、東欧諸国は西側世界に吸収され、中国は西側世界に接近すると同時に第三世界のリーダーとしての位置をしめつつある。

年平均成長率

（単位：%）

北アメリカ アメリカ	ラテン・アメリカ	アフリカ	オセアニア	世界平均
3.0	6.2	4.2	3.2	3.8
2.7	2.3	2.1	3.5	3.0
3.0	2.8	2.4	3.3	2.6
2.0	3.2	4.7	3.0	2.7

base'（http://unstats.un.org/unsd/snaama/）より作成.
む. ▲はマイナス.

こうして九〇年以降、グローバル経済のプレイヤーには大きな地殻変動がおきた。主要なプレイヤーは、第一世界の先進国、第三世界の新興国と途上国、多国籍企業であるが、NGO（非政府組織）やNPO（非営利団体）など市民運動も無視できない存在である。しかし、先進国が国民国家を超えるあらたな地域統合の方向を模索しているのに対して、途上国にとっては依然として国民経済の確立、貧困と不平等の解消が重要な課題であり、さらに国家を超える活動を不可欠の条件とする多国籍企業など主要なプレイヤーが、それぞれの利害関心にそって異なる方向を追求している。

先進国が低成長を余儀なくされるグローバル経済のなかで、新興国や途上国の重要性は増加しつつある。表1（一〇～一一頁）によれば、二〇〇〇年段階ですでにアジアが世界のGDPの三八%をしめていたが、最近の地域別GDP推計でも、アジアが二〇〇八年に北米を、さらに〇九年にヨーロッパを上回り、一二年にはアジアが三五%、北米が二六%、ヨーロッパが二六%で、世界経

表10　GDP

	アジア				ヨーロッパ		
	中国	日本	東南アジア	インド	西欧	ドイツ	東欧
1971〜79	4.7	4.7	7.2	2.7	3.3	3.1	5.3
1980〜89	9.4	4.4	5.4	5.8	2.2	2.0	3.2
1990〜99	9.4	1.7	5.4	5.8	2.1	2.1	▲3.2
2000〜13	9.9	0.8	5.2	7.1	1.4	1.4	4.1

資料）United Nations, 'National Accounts Main Aggregates Data-
注）2005年価格基準．ラテン・アメリカにはカリブ諸国をふく

済の重心がふたたびアジアに回帰していることがうかがわれる。なかでも、その中心は東アジアで、一二年には世界のGDPの二三%(中国一二%、日本九%)をしめている。

世界のGDPの年平均成長率をみると(表10)、七〇年代以降アメリカや西ヨーロッパおよび日本の成長率が鈍化するなかで、世界経済を牽引したのは、七〇年代には東南アジアとラテン・アメリカ、八〇年代以降は中国、インドおよび東南アジア諸国であった。東南アジアは九八年にはアジア通貨危機で成長率がマイナス六・九%に落ちこんだにもかかわらず、相対的に高い成長率を維持していた。先進国では低成長がつづいているのに対して、新興国や途上国のGDPは増加しているので、経済格差は縮小しているようにみえるが、一人当りのGDPの推移をみると、二〇〇〇年以降北米、西ヨーロッパ、オセアニアとそれ以外の地域との格差はむしろ拡大している(図5)。アジア域内をみても、東アジアや産油国の西アジアと南アジアとの格差は大きく、さらに各国内

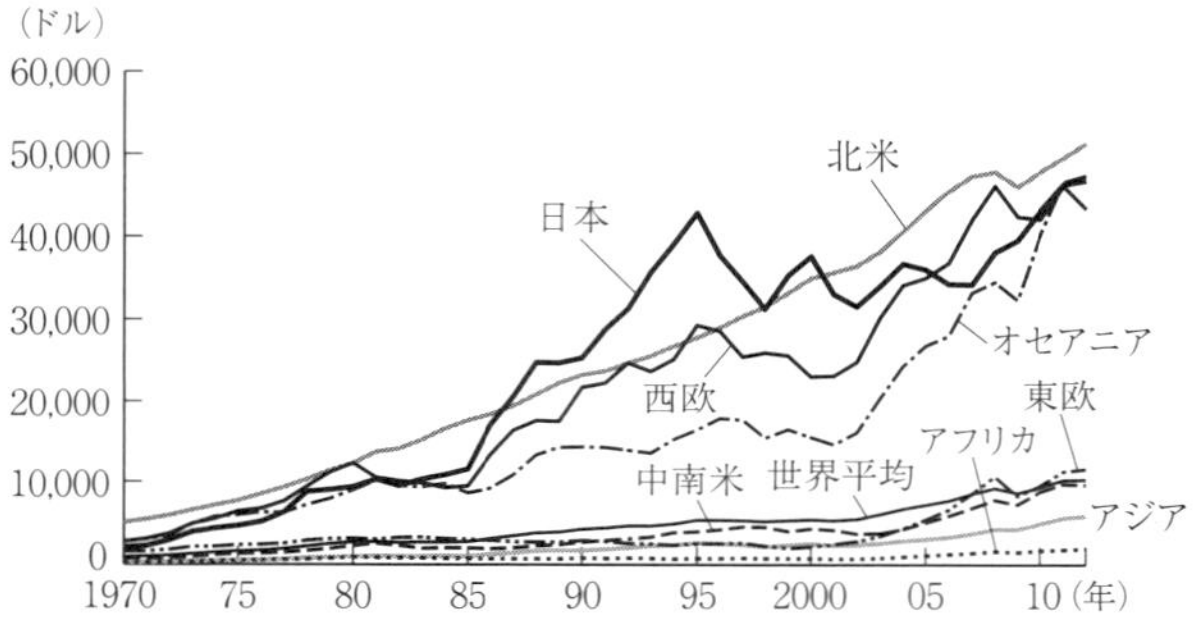

図５　１人当りGDPの推移（1970～2012年）

資料）United Nations, 'National Accounts Main Aggregates Database' (http://unstats.un.org/unsd/snaama/) より作成．

の経済格差も拡大している。南アジアは電力および近代的燃料にアクセスできない人口が約五億人にのぼり、サブサハラ・アフリカ（サハラ砂漠以南のアフリカ）とともにエネルギー貧困地域でもある。

グローバル経済の現在

国際的な貿易や資本移動の形態もふたたび変化している。二〇一三年の地域別貿易額のシェアではEUとアジアが三二％で拮抗しているが、域内輸出貿易ではEUの三兆七五〇〇億ドルに対して、ASEAN＋3（日本、中国、韓国）は一兆七〇〇〇億ドルにすぎない。しかし、EU二八ヵ国の平均国土面積一六一万平方キロメートルに対して、中国（九六〇万平方キロメートル）やインド（三二九万平方キロメートル）をふくむアジア地域とを、単純に対外貿易額からだけで比較可能かどうか疑問の余地がないわけではない。

二〇〇〇年以降、世界貿易にしめる新興国と途上国のシェアは継続して増加し、一一年には輸出入総額の約四〇％に達した。貿易収支は、九八年以降先進国の赤字の拡大が顕著であったのに対して、逆に途上国は黒字が拡大した。二〇〇〇年と二〇一三年の世界の輸出貿易のシェアを比較すると、先進国間貿易は五九％から三八％に減少したのに対して、先進国から新興国・途上国への輸出は一七％から二二％へ、新興国・途上国から先進国への輸出は一九％から二四％へ、新興国・途上国間貿易は六％から一五％へ増加し、新興国・途上国の貿易のシェアが拡大している。新興国では機械機器の輸出と消費財の輸入の増加が顕著で、とくに世界最大の貿易国になると予想される中国を中心に世界貿易の構造が再編され、中国は中間財取引を通じて東アジアや東南アジアとの関係がつよくなっている。

こうした世界貿易の構造変化のなかで、二〇〇一年にはじまったWTOの多角的貿易交渉のドーハ・ラウンド（カタール）は、先進国と新興国・途上国の利害の対立から完全に行きづまってしまい、現在では北米、ラテン・アメリカおよびカリブ諸国、ASEAN諸国の自由貿易協定（FTA）や、環太平洋経済連携協定（TPP）のような多国間の経済連携協定（EPA）など地域レベルでの連携によるあらたな広域経済圏の形成が模索されている。

アメリカが最大の資本投資国であることに変化はないが、八〇年以降相対的なシェアは急速に減少し、投資および受入ともに中国、ロシア、ブラジルなどの新興国の役割が急増し、またEUへの投資も継続して約四〇%をしめている(表8/二一二~二一三頁)。途上国の累積債務問題は先進国の民間直接投資を抑制し、八〇年代以降先進国から途上国への投資は漸減傾向にあったが、二〇〇〇年代になるとふたたび途上国への民間投資が増加しはじめた。しかし、その五〇%は東アジアや東南アジアへの投資にむけられている。新興国や途上国への民間投資はコスト要因が大きいが、IT化による生産・流通・消費の効率化にともなってコスト要因は低減しているので、政治的財政的に安定しているかぎり投資リスクは相対的にすくなくなっている。

途上国への政府開発援助もまた増加しており、その背景には、二〇〇一年の九・一一同時多発テロ以降軍事援助や復興援助が急増したことや、グローバリゼーションの進展とともに貧富の格差が拡大し、貧困の解消と環境保全、衛生や教育など途上国の社会基盤の整備が世界的な課題になっていることがある。開発援助が有効に利用されているかどうかは疑問の余地があるにしても、援助国にとって途上国に対する経済援助と内政干渉とのバランスをとることは容易なことではない。

新興国や途上国のかかえている課題も大きい。アメリカのドル中心の国際金融市場へ組みこまれ、通貨価値が国際的な通貨変動の影響をいっそうつよくうけるようになった。また技術革新やIT化の影響で低賃金労働による比較優位がしだいに失われ、労働者の質的向上のための教育がもとめられるようになっている。世界の生産年齢人口(一五〜六四歳の人口)は二〇一〇年の四六億人から中位予測でも二一世紀後半には六〇億人に増加するが、新興国と途上国の割合は現在でも八〇%に達している。しかし、新興国や途上国でも、都市化がすすめばサービス産業の比率が増加し、賃金は下方硬直的になるとともに、いずれは先進国と同様に高齢化がすすみ、社会福祉関係費などが財政的重圧になるので、全体の成長力は鈍化すると予想される。

日本は、政策的な失敗によって、経済成長の基礎になるエネルギーや食糧の自給率(二〇一二年度の原子力をふくむ一次エネルギー自給率は六%、食糧自給率はカロリーベースで三九%)はともに低く、ある程度の経済成長率を維持するためには世界経済との協調関係、とくに地理的に近接しているアジア地域と良好な関係を維持していくことが重要な課題である。日本にとって可能な選択肢は、貿易の自由化を推進し、比較優位のメリットをみいだしていくよりほかにない。

2　南北問題からエネルギー・環境問題へ

地球環境の悪化

産業発展にともなう石炭煤煙による大気汚染や都市の衛生問題は、すでに一九世紀半ばのイギリスで大きな都市問題となっていたが、その後の重化学工業化の過程、とくに二度にわたる世界大戦では国益や公益が優先され、環境汚染の問題はかえりみられることはなかった。自然環境の悪化は、第二次大戦後の経済成長のなかで深刻になり、レイチェル・カーソンは一九六二年に出版された『沈黙の春』で、化学薬品など有機化合物の生態系への影響をとりあげた。彼女の分析は現在の科学的レベルからみると問題は多いとしても、経済発展が生態系を変化させているという基本的テーマは、現在でもかわらない。一九七二年五月にローマ・クラブの報告書『成長の限界』は、資源の有限性と人口増加および環境破壊について警鐘をならし、さらに同年六月にはストックホルムで「かけがえのない地球」(Only One Earth)をキャッチフレイズに国連人間環境会議が開催され、環境問題が世界の取り組むべき課題であることがしめされた。さらに八八年には「気候変動に関する政府間パネル」(IPCC)が設立され、九二年にリオ・デ・ジャネイロで開催された第一回国連環境開発会議(地球サミット)で国連気候変動枠組条約が採択され、九五年以降毎年締約国会議（COP）が開催されている。

人間が生活していくためには経済活動が不可欠である。しかし、大気や土壌の汚染、河川や海洋の水質汚染、酸性雨、有害化学物質や産業廃棄物の増加、砂漠化、オゾン層の破壊、熱帯林の減少など人間の生活環境や自然環境の悪化が現実に進行しているとすれば、環境問題のただしい処方箋のためには、現状を歴史的に正確に把握する必要がある

世界の一次エネルギー*の需給動向をみると、一九世紀半ば以降第二次世界大戦までは石炭が最大のエネルギー源で、第二次大戦期には石炭が七〇％、石油が二〇％をしめた。大戦後の五〇年代に中東を中心に油田の開発がすすみ、六〇年代の経済成長とともにエネルギーの中心は石炭から石油にシフトした。世界の一次エネルギー消費量（石油換算）は、六五年の三八億トンから二〇一三年には一二七億トンに、約三・三倍に増加した。一九七〇年と二〇一三年の消費量を比較すると、石油は四六％から三三％に低下し、石炭は三〇％で変化がなく、天然ガスは一八％から二四％に増加している。原子力は、九〇年代でも六％にすぎなかった。地域別消費量では、七〇年には北米とヨーロッパで八〇％をしめていたが、九〇年代以降新興国の経済成長にともなってアジア・太平洋地域の消費量が急増し、二〇一三年には北米・ヨーロッパ地域が四五％に低下したのに対して、アジア・太平洋地域は四〇％をしめるまでに増加している。

なかでも中国は二〇一〇年にアメリカをぬいて世界最大の一次エネルギー消費国となり、一三年には世界の総消費量の二二%をしめ、その内訳は石炭が六七%、石油が一八%であった。

＊　一次エネルギーは自然界に存在するエネルギーで、薪炭、石炭・石油・天然ガスなどの化石燃料、風力・水力・太陽熱・地熱・バイオマスなどの自然エネルギー、原子力をいう。二次エネルギーは、一次エネルギーを変換・加工した電力、燃料用ガス、ガソリンなどである。

気候変動の要因

気候変動の要因は、自然要因と人為的要因にわけられる。自然要因には、大西洋周期振動のような地球の内部変動と太陽の黒点移動や火山噴火など外部要因による変動があり、人為的要因としては温室効果ガスやエアロゾル(微粒子)の拡散などがあげられる。環境負荷物質(二酸化炭素、硫黄酸化物、窒素酸化物など)は火力発電、交通機関、工場などで化石燃料の燃焼過程で多く排出され、なかでも世界の二酸化炭素排出量は六五年の一一八億トンから九〇年には二二六億トン、二〇一三年には三五一億トンに増加している。二酸化炭素の排出量は石炭がもっとも多く、天然ガスは石炭の五七%で、環境負荷のすくないエネルギーとされているが、主成分であるメタンは二酸化炭素の約二〇倍におよぶ温室効果作用をもつといわれ、IPCCの第四次

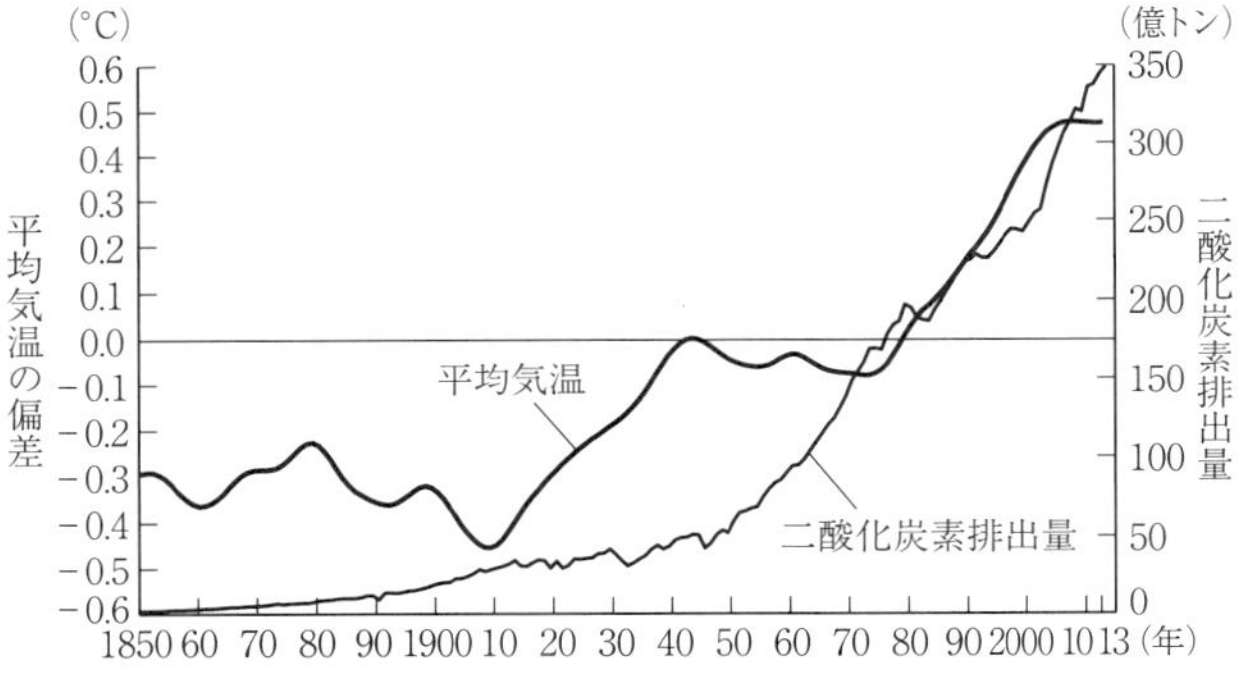

図6　世界の平均地上気温と二酸化炭素排出量の推移(1850～2013年) 資料）平均気温は英国ハドレー気象研究センター(http://www.cru.uea.ac.uk/cru/info/warming/gtc.csv)，二酸化炭素排出量は，1850～2010年米国エネルギー省二酸化炭素情報分析センター(CDIAC)(http://cdiac.ornl.gov/ftp/ndp030/global.1751_2010.ems)，2011～13年BP, 'Statistical review of world energy 2014' より作成．注）平均気温の偏差は1961～90年の平均値からの偏差．

評価報告書(二〇〇七年)によると、二〇世紀になるとメタンが二酸化炭素以上に急増している。

ＩＰＣＣの第五次評価報告書(二〇一三年)では、一八世紀半ばの産業革命以降の地球の温暖化は人間活動による人為的なものであり、一八八〇～二〇一二年に世界平均地上気温は〇・八五度上昇したとされ、「二酸化炭素の累積排出量と世界平均地上気温の上昇量は、ほぼ比例関係にある」という温暖化の二酸化炭素原因説がいっそう強調されている。図6は、一八五〇～二〇一三年の世界の平均地上気温と二酸化炭素排出量(推計)の変化をしめしている(一九世紀には小氷期がおわり、地球は温暖化のサイクルにはいる)。一八八〇年から第一次大戦にかけて先進国やソ連で急速な重化学工業化がすすみ、第二次大戦期から戦後の高度成長期にかけて二酸化炭素排出量が約三・五倍に増加した。これらの時期には、石炭の産業用の利用だけではなく、石炭を使用した火力発電の電力供給量の急増によって大量の二酸化炭素が排出されたと推定されるが、平均気温の上昇はみられず、すくなくとも一九七〇年代までの時期については、歴史的事実とは異なり、二酸化炭素温暖化説は説得性に欠ける。七〇年代後半から新興国の急速な工業化によって平均気温の上昇と二酸化炭素排出量の増加はパラレルな関係にあるようにも思えるが、二〇〇〇年以降は平均気温の上昇が停滞している(ハイエイタスという)ので、確定的な判断もできない。

温暖化人為説に対しては気候モデルや平均気温の測定位置など観察データの信頼性などについて懐疑論がだされているが、IPCCが主張する温暖化の二酸化炭素原因説はかならずしも科学的に論証されているわけではない。しかし、気候変動の主因が二酸化炭素ではなく自然変動にあるとしても、六〇年代以降大気中の産業による二酸化炭素排出量が急増しているのは事実である。人間活動にともなう温室効果ガスによる温暖化の可能性がかぎられているとしても、二酸化炭素だけ問題にすればそれで十分というわけではなく、現実に世界的な規模で進行している環境破壊の問題に早急に対処しなければならないことはいうまでもない。

「開発」と「環境」

本書でみてきたように、南北問題は、一八世紀以降の歴史のなかで形成されてきた構造的な問題で、先進国と新興国や途上国との経済格差の解決は容易なことではない。先進国と途上国の経済格差と環境悪化の問題は、七二年のストックホルム会議の主要な議題のひとつで、途上国は「貧困と低開発こそが環境問題」であると主張していた。七〇年代は石油危機にともなう先進国の景気後退で、南北格差の議論は立ち消えになってしまったが、そのあいだにも世界的規模での環境破壊が進展したにもかかわらず、本質的な問題はなにも解決されてこなかった。その意味で、現在のエネルギー・環境問題は、かつての南北問題がかたちを変えて再浮上したものであるといってよい。

一九八七年の国連の「環境と開発に関する世界委員会」(ブルントラント委員会)や九二年以降の国連環境開発会議で、環境と開発の両立あるいは環境保全を考慮した開発という「持続可能な開発」の方向が二〇年以上にわたり強調されてきているが、先進国と途上国の主張が対立し、内実にはほとんど進展がみられていない。先進国が環境破壊をともなう経済成長によって生活水準の上昇を実現したにもかかわらず、途上国が先進国並みの生活を享受するための経済成長を制約する権利が先進国にあるのかという途上国の主張に反論することは、先進国の生活水準の上昇が植民地や従属地域をステップとして達成されてきた以上、説得的とはいえない。

この地球環境をめぐる問題は、一九九二年の国連環境開発会議でも、ストックホルム会議とおなじ議論がくりかえされた。九七年の京都会議(COP3)では、先進国間で二〇一二年までの温室効果ガスの排出量を規制する具体的な数値目標を設定した京都議定書がむすばれたが、アメリカや中国、ロシアなどの新興国が参加しない取決めであったために実質的な成果はなく、毎年開催されるCOPも実質的にはほとんど進展のみられないたんなる環境イベントに化してしまっている。二〇一二年にリオで開催された「国連持続可能な開発会議」(リオ+20)では、貧困の撲滅と環境保全、いいかえれば経済と環境の両立のための「グリーン・エコノミー」が提唱されたものの、総論でのコンセンサスが得られたにすぎなかった。ちなみに二〇一三年の国別二酸化炭素排出量は、中国二七%、アメリカ一七%、インド六%、ロシア五%、日本四%で、この五ヵ国で六〇%近くをしめている。

新興国の経済成長にともなって一次エネルギー需要量の急増が予想され、それと同時に二酸化炭素の排出だけではなく、煤煙や粉塵、硫黄酸化物による大気汚染や水質汚染、有害化学物質の発生や産業廃棄物の増加が予想される。南米アマゾン流域、アフリカ、南・東南アジアにおける顕著な森林面積の減少は、途上国の農地開発とも関連するが、それにともなって二酸化炭素吸収量も減少し、生態系の危機をひきおこす可能性もきわめてたかい。

エネルギー問題の課題

グローバルな環境の悪化を可能なかぎり抑制するためには、新興国と途上国の貧困問題の解決以外の選択肢しかないとすれば、先進国の歴史的な責任は、新興国や途上国の経済成長にともなう環境の悪化をできるかぎり抑制しながら、経済開発を可能にするための資金的・技術的支援を強化することである。環境問題はたんに地球温暖化に限定される問題ではなく、同時にエネルギー問題でもある。経済成長のためにはエネルギーが不可欠であるが、二〇一二年末現在の可採年数は、石油が五三年、石炭が一〇九年、天然ガスが五六年で、これから約半世紀のあいだに、いかにして有限な化石エネルギー資源を効率的に利用しながら、代替エネルギーの開発を推進していくかが大きな課題である。

代替エネルギーとしての原子力発電は、放射性廃棄物の処理などの問題にくわえて、七九年のアメリカ・スリーマイル島、八六年のソ連チェルノブイリ、二〇一一年の東日本大震災にともなう東京電力福島第一原子力発電所の事故だけでなく、臨界事故や火災など多数の事故が発生している。日本の原子力発電も、福島第一原子力発電所の一号機から四号機をのぞく五〇基の原発のうち半数近くは稼働年数や立地条件の問題で危険度がたかい。そのうえ原子力発電所の周囲には産業集積がなく、エネルギーの利用効率は悪い。原子力発電にかんする事故は絶対にあってはならないにもかかわらず、福島第一原子力発電所の汚染水処理のずさんな対応にみられるように、国と電力会社と原子力利益享受者が一体となったシステムの安全性に対する認識や危機意識の欠如、さらに企業統治《ガバナンス》やマネジメントの能力はきわめて低く、原発のデメリットはきわめて大きいといわざるをえない。これからの世界のエネルギー問題が、脱原発の方向で考えられなければならないことはいうまでもない。

エネルギーの生産(発電)・流通(送電)・消費(配電)の過程での熱量のロスは大きく、発電段階で排熱の有効利用や蓄電技術の開発などエネルギー効率の上昇をはかる必要があるとともに、地域需要におうじた企業単位・地域単位の小規模分散型の発電・配電システムによるエネルギーの効率的な利用方法の開発も期待される。現在の長距離の高圧交流送電による電力のロスは五〜六％であるので、超伝導直流送電により送電ロスを減少させる実験もおこなわれている。発電施設の海外移転の可能性も考えられるが、エネルギー移送のリスクもたかくなり、また七〇年代のマレーシアにおけるARE(エイシアン・レア・アース)事件にみられるような公害輸出の非難もまぬがれない。当面日本にできる国際貢献は、火力発電におけるガス・蒸気複合のカスケード方式など日本のすぐれた環境技術や省エネルギー技術の移転を通して、新興国の環境負荷のすくない経済成長に寄与することである。

グローバリゼーションの彼方

グローバリゼーションの進展とともに、情報の非対称性が機能する余地はせまくなり、平準化と画一化が促進される。とくに為替レートや株価など経済情報や企業の経営動向などの情報の連動性はたかまり、危機の際の連鎖もつよくなる。絶対的なリーダーが不在の世界経済のなかでは経済成長を牽引する国が継続して交替していかなければならないが、既存の産業と市場のなかで経済成長がはかられるかぎり、おのずから限界がある。

現在の世界経済を牽引しているのは中国であるが、中国の生産年齢人口も二〇一五年をピークに減少すると予測されるので、現在の経済成長がいつまでつづくか不確定である。しかし、共産党一党支配の中国では民主主義や政治的自由のみならず、基本的人権も保証されているとはいいがたく、さらに少数民族問題をかかえ、国民一人当りのGDPも低い状況では、多極化する世界を一定の規範ある国際レジームのもとに収斂していくリーダーにふさわしい寛容性と信頼性、いわゆるノブレス・オブリージュを期待することもむずかしい。

シュンペーターは『経済発展の理論』（一九一二年）のなかで、経済発展を諸資源の新結合の遂行と定義し、あたらしい財貨あるいはあたらしい品質の財貨の生産、あたらしい生産方法の導入、あたらしい市場の開拓、原料あるいは半製品のあたらしい供給源の獲得、あたらしい組織の実現（独占の形成や打破など）の五つをあげている。IT革命が一段落した先進国では、新規産業の創出、生産方法の技術革新、供給・販売市場、企業組織のどの要因をとってもほぼ限界に達しており、これ以上の展開は期待できそうもないし、基本的にキャッチアップ工業化をはかっている新興国に長期的にわたって経済成長を牽引するだけの経済力を期待するのもむずかしい。したがって、あらたな市場を創出できる科学技術の大きな革新がおきるか、あるいは既存の産業と市場のなかでモジュール化によって構成要素の組合せをかえ、あらたな一般市場向けの商品開発をはかる以外の方法はないが、いずれにしても、こうした限界をこえるためには科学者や起業家や経営者のあらたな創造力や発想におうところが大きいので、そのための研究開発と教育への投資の役割がきわめて重要になる。

グローバルな規模での環境の悪化を抑制するためには、途上国の貧困の解消以外の方法がないとすれば、国と民族の多様性を内生化し、グローバルな問題に国益《ナショナル・インタレスト》を超えてグローバルな視点から対処できる超国家的な組織の創設以外には選択肢はないのかもしれない。国連やその他の国際機関が国益に固執する国家の集合体であるかぎり、こうした組織のもとでは、グローバルな問題の調整はできても解決は期待できないし、グローバルなガバナンスのための規律や規範の確立もむずかしい。経済は国境を超えても、通貨は国境を超えられないので、グローバル経済において通貨危機が避けられないとすれば、世界共通通貨の創設以外の解決方法はないだろう。

リベラリズムとナショナリズムの相剋

一九世紀に登場したふたつの相異なるベクトルをもつ「リベラリズム」と「ナショナリズム」の相剋は、パクス・ブリタニカのもとで経済のグローバル化とともに登場してきたが、「リベラリズム」こそグローバリゼーションの推進力であった。「リベラリズム」と「ナショナリズム」の相剋は、国境を超える経済と国境を超えられない政治との対立といいかえることもできる。国家を超えて経済のグローバル化がすすめば、国境の必要もなくなり、国家の役割も限定され、最終的には国家自体が消滅することになる。しかし、グローバリゼーションがすすめば、国家と民族のしがらみの発想をすてきれない人々は、「ナショナリズム」をさらに強調するようになる。事実、こうした兆候は、日本のＴＰＰをめぐる議論のなかに垣間みられ、日本のガラパゴス的状況がさらにすすむことになる。

新自由主義の市場原理主義は「リベラリズム」の悪しき暴走ともいえるが、グローバリゼーションが、技術革新とおなじように、後戻りすることのできない不可逆的な歴史のプロセスであり、「リベラリズム」の行きつく先であるとすれば、「ナショナリズム」にもとづく政治が国境を超えないかぎり、先進国と途上国との対立、したがって自然環境の破壊も永遠に解決されないだろう。グローバリゼーションの先に、脱中心的で脱領土的なグローバル「帝国」をみることもできるし(ネグリ＆ハート『帝国』)、グローバル連邦を想像することもできる。しかし、こうしているうちにも化石エネルギーの枯渇はすすみ、しだいに経済成長の推進力は失われ、ふたたびかぎられたエネルギーやレアメタルや水などの資源をめぐって戦争がおこり、過去にみられたような帝国主義による領土支配が再現されないともかぎらない。しかし、人間の歴史に刻まれてきた普遍的価値としての自由や平等の思想や民主主義の伝統は、全体主義や排他主義への回帰を許容しない抑止力として機能することは間違いないし、そうあることを信じたい。

あとがき

本書は、慶應義塾大学経済学部における経済史入門の講義を基礎に書きなおしたものである。著者の関心は、世界経済のなかで「国境を超える」経済活動を歴史的に描くことにある。ある時代を相対化し、歴史のなかに位置づけるためには、つぎにくる時代の予兆がみえてこないとむずかしいが、歴史において決定的となる時点では、どのような思想と個性をもった人物が、政府や企業あるいは組織において指導的な地位にあったかという個人の役割がきわめて重要である。そのため、記述は、マクロ的であると同時に、できるだけ具体的になるように心がけたが、新書という性質上、典拠については最小限にとどめざるをえなかった。

本書の草稿の段階で、この三月まで同僚であった細田衛士さん、古田和子さん、神田さやこさん、柳生智子さん、大学院生の布施豪嗣君、岩波新書編集部の平田賢一氏から有益なコメントをいただいた。この場をかりて、御礼を申し上げたい。

二〇一四年一〇月

杉山伸也

岩波新書新赤版一〇〇〇点に際して

ひとつの時代が終わったと言われて久しい。だが、その先にいかなる時代を展望するのか、私たちはその輪郭すら描きえていない。二〇世紀から持ち越した課題の多くは、未だ解決の緒を見つけることのできないままであり、二一世紀が新たに招きよせた問題も少なくない。グローバル資本主義の浸透、憎悪の連鎖、暴力の応酬――世界は混沌として深い不安の只中にある。

現代社会においては変化が常態となり、速さと新しさに絶対的な価値が与えられた。消費社会の深化と情報技術の革命は、種々の境界を無くし、人々の生活やコミュニケーションの様式を根底から変容させてきた。ライフスタイルは多様化し、一面では個人の生き方をそれぞれが選びとる時代が始まっている。同時に、新たな格差が生まれ、様々な次元での亀裂や分断が深まっている。社会や歴史に対する意識が揺らぎ、普遍的な理念に対する根本的な懐疑や、現実を変えることへの無力感がひそかに根を張りつつある。そして生きることに誰もが困難を覚える時代が到来している。

しかし、日常生活のそれぞれの場で、自由と民主主義を獲得し実践することを通じて、私たち自身がそうした閉塞を乗り超え、希望の時代の幕開けを告げてゆくことは不可能ではあるまい。そのために、いま求められていること――それは、個と個の間で開かれた対話を積み重ねながら、人間らしく生きることの条件について一人ひとりが粘り強く思考することではないか。その営みの糧となるものが、教養に外ならないと私たちは考える。歴史とは何か、よく生きるとはいかなることか、世界そして人間はどこへ向かうべきなのか――こうした根源的な問いとの格闘が、文化と知の厚みを作り出し、個人と社会を支える基盤としての教養となった。まさにそのような教養への道案内こそ、岩波新書が創刊以来、追求してきたことである。

岩波新書は、日中戦争下の一九三八年一一月に赤版として創刊された。創刊の辞は、道義の精神に則らない日本の行動を憂慮し、批判的精神と良心的行動の欠如を戒めつつ、現代人の現代的教養を刊行の目的とする、と謳っている。以後、青版、黄版、新赤版と装いを改めながら、合計二五〇〇点余りを世に問うてきた。そして、いままた新赤版が一〇〇〇点を迎えたのを機に、人間の理性と良心への信頼を再確認し、それに裏打ちされた文化を培っていく決意を込めて、新しい装丁のもとに再出発したいと思う。一冊一冊から吹き出す新風が一人でも多くの読者の許に届くこと、そして希望ある時代への想像力を豊かにかき立てることを切に願う。

（二〇〇六年四月）

杉山 伸也

1949年生まれ，72年早稲田大学政治経済学部卒業，81年ロンドン大学大学院博士課程修了(Ph.D.)，84年慶應義塾大学経済学部助教授，91年より2014年まで同教授．

現在—慶應義塾大学名誉教授，社会経済史学会代表理事

専攻—日本経済史，アジア経済史

著書—『日本経済史　近世—現代』(岩波書店，2012年)
『明治維新とイギリス商人』(岩波新書，1993年)
Japan's industrialization in the world economy, 1859–1899 (Athlone Press, 1988)

編著書—『日本石炭産業の衰退』(共編，慶應義塾大学出版会，2012年)，『近代アジアの流通ネットワーク』(共編，創文社，1999年)，『戦間期東南アジアの経済摩擦』(共編，同文舘出版，1990年)

訳書—W. G. ビーズリー『日本帝国主義　1894～1945』(岩波書店，1990年)ほか

グローバル経済史入門　　岩波新書(新赤版)1512

2014年11月20日　第1刷発行

著　者　杉山伸也《すぎやましんや》

発行者　岡本　厚

発行所　株式会社 岩波書店
〒101-8002 東京都千代田区一ツ橋2-5-5
案内 03-5210-4000　販売部 03-5210-4111
http://www.iwanami.co.jp/

新書編集部 03-5210-4054
http://www.iwanamishinsho.com/

印刷・精興社　カバー・半七印刷　製本・中永製本

ISBN 978-4-00-431512-4　　Printed in Japan

索　引

ア 行

カ 行

主要参考文献

B. アイケングリーン（高屋定美訳）『グローバル資本と国際通貨システム』ミネルヴァ書房，1999 年
秋田茂『イギリス帝国の歴史』中公新書，2012 年
秋元英一『アメリカ経済の歴史 1492-1993』東京大学出版会，1995 年
ジャネット L. アブールゴド（佐藤次高ほか訳）『ヨーロッパ覇権以前』全 2 巻，岩波書店，2001 年
G. アリギ（土佐弘之監訳）『長い 20 世紀』作品社，2009 年
池端雪浦編『東南アジア史Ⅱ　島嶼部』（新版世界各国史 6）山川出版社，1999 年
池端雪浦・生田滋『東南アジア現代史Ⅱ』（世界現代史 6）山川出版社，1977 年
石井米雄『インドシナ文明の世界』（世界の歴史 14）講談社，1977 年
石井米雄・桜井由躬雄編『東南アジア史Ⅰ　大陸部』（新版世界各国史 5）山川出版社，1999 年
猪木武徳『戦後世界経済史』中公新書，2009 年
マイラ・ウィルキンズ（江夏健一・米倉昭夫訳）『多国籍企業の史的展開』ミネルヴァ書房，1973 年
――――（江夏健一・米倉昭夫訳）『多国籍企業の成熟』全 2 巻，ミネルヴァ書房，1976, 78 年
上田信『海と帝国』（中国の歴史 9）講談社，2005 年
I. ウォーラーステイン（川北稔訳）『近代世界システム』全 4 巻，名古屋大学出版会，1993～2013 年
尾形勇・岸本美緒編『中国史』（新版世界各国史 3）山川出版社，1998 年
岡本隆司編『中国経済史』名古屋大学出版会，2013 年
奥西孝至・鴋沢歩・堀田隆司・山本千映『西洋経済史』有斐閣，2010 年
小名康之『ムガル帝国時代のインド社会』（世界史リブレット 111）山川出版社，2008 年

金井雄一・中西聡・福澤直樹『世界経済の歴史』名古屋大学出版会，2010 年
加納啓良『現代インドネシア経済史論』東京大学東洋文化研究所，2003 年
————編『植民地経済の繁栄と凋落』(『岩波講座 東南アジア史 6』) 岩波書店，2001 年
上川孝夫・矢後和彦編『国際金融史』有斐閣，2007 年
辛島昇編『南アジア史』(新版世界各国史 7) 山川出版社，2004 年
J. K. ガルブレイス(村井章子訳)『大暴落 1929』日経 BP 社，2008 年
川北稔『砂糖の世界史』岩波ジュニア新書，1996 年
川島真『近代国家への模索』(シリーズ中国近現代史 2) 岩波新書，2010 年
神田さやこ『インド地域市場の展開とイギリス東インド会社』名古屋大学出版会，近刊
岸本美緒『清代中国の物価と経済変動』研文出版，1997 年
————『東アジアの「近世」』(世界史リブレット 13) 山川出版社，1998 年
————「東アジア・東南アジア伝統社会の形成」『岩波講座 世界歴史 13』1998 年
ロンド・キャメロン，ラリー・ニール(速水融監訳)『概説世界経済史』全 2 巻，東洋経済新報社，2013 年
C. P. キンドルバーガー(石崎昭彦・木村一朗訳)『大不況下の世界』東京大学出版会，1982 年
————(中島健二訳)『経済大国興亡史』全 2 巻，岩波書店，2002 年
久保亨編『中国経済史入門』東京大学出版会，2012 年
パミラ・カイル・クロスリー(佐藤彰一訳)『グローバル・ヒストリーとは何か』岩波書店，2012 年
P. J. ケイン，A. G. ホプキンス(竹内幸雄・秋田茂ほか訳)『ジェントルマン資本主義の帝国』全 2 巻，名古屋大学出版会，1997 年
ポール・ケネディ(鈴木主税訳)『大国の興亡』(決定版) 全 2 巻，草思社，1993 年

小谷汪之編『南アジア史2　中世・近世』(世界歴史大系) 山川出版社，2007年
斎藤修『比較経済発展論』岩波書店，2008年
佐伯有一『中国の歴史8　近代中国』講談社，1975年
桜井由躬雄・石澤良昭『東南アジア現代史Ⅲ』(世界現代史7) 山川出版社，1977年
佐藤正哲・中里成章・水島司『ムガル帝国から英領インドへ』(世界の歴史14) 中央公論社，1998年
猿渡啓子『フリースタンディング・カンパニーとクラスター』同文舘出版，2014年
ジェフリー・ジョーンズ(桑原哲也ほか訳)『国際ビジネスの進化』有斐閣，1998年
末廣昭『キャッチアップ型工業化論』名古屋大学出版会，2000年
杉原薫『アジア間貿易の形成と構造』ミネルヴァ書房，1996年
杉山伸也「国家の可能性を超えて」『岩波講座 転換期における人間5』1989年
――――『日本経済史 近世―現代』岩波書店，2012年
――――，イアン・ブラウン編『戦間期東南アジアの経済摩擦』同文舘出版，1990年
――――，リンダ・グローブ編『近代アジアの流通ネットワーク』創文社，1999年
マンフレッドB.スティーガー(桜井公人ほか訳)『グローバリゼーション』(新版) 岩波書店，2010年
アマルティア・セン(石塚雅彦訳)『自由と経済開発』日本経済新聞社，2000年
S.B.ソウル(堀晋作・西村閑也訳)『世界貿易の構造とイギリス経済』法政大学出版局，1974年
ジャレド・ダイアモンド(倉骨彰訳)『銃・病原菌・鉄』全2冊，草思社，2000年
A.タイコーヴァ，M.レヴィ＝ルボワィエ，H.ヌスバウム編(鮎沢成男ほか訳)『歴史のなかの多国籍企業』全2冊，中央大学出版部，1991,93年
角山栄『茶の世界史』中公新書，1980年

長岡新吉・太田和宏・宮本謙介編『世界経済史入門』ミネルヴァ書房，1992 年
中島楽章『徽州商人と明清中国』(世界史リブレット 108）山川出版社，2009 年
永積昭『オランダ東インド会社』近藤出版社，1971 年（講談社学術文庫，2000 年）
――――『アジアの多島海』(世界の歴史 13）講談社，1977 年
西川潤『新・世界経済入門』岩波新書，2012 年
西村閑也・鈴木俊夫・赤川元章編『国際銀行とアジア 1870〜1913』慶應義塾大学出版会，2014 年
アントニオ・ネグリ，マイケル・ハート（水嶋一憲ほか訳）『帝国』以文社，2010 年
G. ネーデル，P. カーティス編（川上肇ほか訳）『帝国主義と植民地主義』御茶の水書房，1983 年
荻原弘明・和田久徳・生田滋『東南アジア現代史Ⅳ』(世界現代史 8）山川出版社，1983 年
長谷川貴彦『産業革命』(世界史リブレット 116）山川出版社，2012 年
パット・ハドソン（大倉正雄訳）『産業革命』未来社，1999 年
羽田正『東インド会社とアジアの海』(興亡の世界史 15）講談社，2007 年
馬場哲・山本通・廣田功・須藤功『エレメンタル欧米経済史』晃洋書房，2012 年
浜下武志『朝貢システムと近代アジア』岩波書店，1997 年
B. ハリソン（竹村正子訳）『東南アジア史』みすず書房，1967 年
F. ヒルガート（山口和男ほか訳）『工業化の世界史』ミネルヴァ書房，1979 年
J. S. ファーニヴァル（南太平洋研究会訳）『蘭印経済史』実業之日本社，1942 年
J. H. ブーケ（永易浩一訳）『二重経済論』秋菫書房，1977 年
A. G. フランク（山下範久訳）『リオリエント』藤原書店，2000 年
デニス・フリン（秋田茂・西村雄志訳）『グローバル化と銀』山川出版社，2010 年
フェルナン・ブローデル（浜名優美訳）『地中海』全 5 冊，藤原書

店，1991〜95 年
D. R. ヘドリック（原田勝正ほか訳）『帝国の手先』日本経済評論社，1989 年
――――（原田勝正ほか訳）『進歩の触手』日本経済評論社，2005 年
E. J. ホブズボーム（浜林正夫ほか訳）『産業と帝国』未来社，1984 年
――――（河合秀和訳）『20 世紀の歴史』全 2 巻，三省堂，1996 年
K. ポメランツ，S. トピック（福田邦夫・吉田敦訳）『グローバル経済の誕生』筑摩書房，2013 年
シドニー・ポラード（鈴木良隆・春海濤子訳）『ヨーロッパの選択』有斐閣，1990 年
カール・ポラニー（吉沢英成ほか訳）『大転換』東洋経済新報社，1975 年
松井透『世界市場の形成』岩波書店，1991 年
松丸道雄ほか編『中国史』4, 5（世界歴史大系）山川出版社，1999, 2002 年
アンガス・マディソン（金森久雄監訳・政治経済研究所訳）『経済統計で見る世界経済 2000 年史』柏書房，2004 年
J. F. マンロー（北川勝彦訳）『アフリカ経済史』ミネルヴァ書房，1987 年
水島司『グローバル・ヒストリー入門』（世界史リブレット 127）山川出版社，2010 年
三菱経済研究所編『南洋及南洋諸国の国際貿易と日本の地位』三菱経済研究所，1933 年
家島彦一『イスラム世界の成立と国際商業』岩波書店，1991 年
柳澤悠『現代インド経済』名古屋大学出版会，2014 年
山田秀雄『イギリス帝国経済史研究』ミネルヴァ書房，2005 年
吉澤誠一郎『清朝と近代世界』（シリーズ中国近現代史 1）岩波新書，2010 年
D. S. ランデス（石坂昭雄・冨岡庄一訳）『西ヨーロッパ工業史』全 2 巻，みすず書房，1980, 82 年
アンソニー・リード（平野秀秋・田中優子訳）『大航海時代の東南

アジア』全2巻，法政大学出版局，1997, 2002年
A. J. H. レイサム（川勝平太・菊池紘一訳）『アジア・アフリカと国際経済 1865-1914年』日本評論社，1987年
ダニ・ロドリック（柴山桂太・大川良文訳）『グローバリゼーション・パラドックス』白水社，2014年
和田久徳・森弘之・鈴木恒之『東南アジア現代史Ⅰ』（世界現代史 5）山川出版社，1977年

Michael Adas, *The Burma delta*, The University of Wisconsin Press, 1974
Robert C. Allen, *The British industrial revolution in global perspective*, Cambridge University Press, 2009
G. Balachandran (ed.), *India and the world economy, 1850-1950*, Oxford University Press, 2003
Chris Bayly, *The birth of the modern world: global connections and comparisons*, Blackwell, 2004
Anne Booth, *The Indonesian economy in the nineteenth and twentieth centuries*, Macmillan Press, 1998
H. V. Bowen, Elizabeth Mancke and John G. Reid (eds), *Britain's oceanic empire: Atlantic and Indian Ocean worlds, c.1550-1850*, Cambridge University Press, 2012
Ian Brown, *The elite and the economy in Siam c.1820-1920*, Oxford University Press, 1988
———, *Economic change in south-east Asia, c.1830-1980*, Oxford University Press, 1997
Rajeswary A. Brown (ed.), *Chinese business enterprise in Asia*, Routledge, 1995
Jorge Cañizares-Esguerra and Erik R. Seeman (eds), *The Atlantic in global history 1500-2000*, Pearson Prentice Hall, 2007
Mark Casson (ed.), *The growth of international business*, G. Allen & Unwin, 1983
Alfred D. Chandler, Jr., and Bruce Mazlish (eds), *Leviathans: multinational corporations and the new global history*, Cambridge University Press, 2005

K. N. Chaudhuri, *The trading world of Asia and the English East India Company, 1660–1760*, Cambridge University Press, 1978
———, *Trade and civilization in the Indian Ocean*, Cambridge University Press, 1985
John Darwin, *After Tamerlane: the rise and fall of global empires, 1400–2000*, Penguin Books, 2007
Chris Dixon, *Southeast Asia in the world-economy*, Cambridge University Press, 1991
John H. Drabble, *An economic history of Malaysia, c. 1800–1990*, Macmillan Press, 2000
Barry Eichengreen, *Golden fetters: the gold standard and the great depression 1919–1939*, Oxford University Press, 1992
——— (ed.), *The gold standard in theory and history*, Methuen, 1985
Mark Elvin, *The pattern of the Chinese past*, Stanford University Press, 1973
Ronald Findlay and Kevin H. O'Rourke, *Power and plenty*, Princeton University Press, 2007
Kristof Glamann, *Dutch-Asiatic trade, 1620–1740* (2nd edn), Danish Science Press, 1981
Michael Greenberg, *British trade and the opening of China, 1800–42*, Cambridge University Press, 1951
Jack P. Greene and Philip D. Morgan (eds), *Atlantic history: a critical appraisal*, Oxford University Press, 2009
A. G. Hopkins (ed.), *Globalization in world history*, W. W. Norton & Co., 2002
J. C. Ingram, *Economic change in Thailand 1850–1970*, Stanford University Press, 1971
Herbert S. Klein, *The Atlantic slave trade* (2nd edn), Cambridge University Press, 2010
J. Thomas Lindblad, *Foreign investment in southeast Asia in the twentieth century*, Macmillan Press, 1998
Angus Maddison, *The world economy: a millennial perspective / historical statistics*, OECD Publishing, 2007

———, *Contours of the world economy 1–2030 AD*, Oxford University Press, 2007

Sompop Manarungsan, *Economic development of Thailand, 1850–1950*, Institute of Asian Studies, Monograph no. 42, Chulalongkorn University, 1989

B. R. Mitchell and P. Deane, *Abstract of British historical statistics*, Cambridge University Press, 1971

Joel Mokyr, *Lever of riches: technological creativity and economic progress*, Oxford University Press, 1992

———, *The enlightened economy: Britain and the Industrial Revolution, 1700–1850*, Penguin, 2011

Kevin H. O'Rourke and Jeffrey G. Williamson, *Globalization and history*, The MIT Press, 1999

Jurgen Osterhammel and Niels P. Petersson, *Globalization: a short history*, Princeton University Press, 2003

K. Pomeranz, *The great divergence: China, Europe, and the making of the modern world economy*, Princeton University Press, 2000

Anthony Reid (ed.), *The last stand of Asian autonomies, 1750–1900*, Macmillan Press, 1997

Tirthankar Roy, *India in the world economy*, Cambridge University Press, 2012

S. Sugiyama, *Japan's industrialization in the world economy, 1859–1899*, Athlone Press, 1988

D. J. M. Tate, *The making of modern south-east Asia*, vol. 2, Oxford University Press, 1979

James D. Tracy (ed.), *The rise of merchant empires*, Cambridge University Press, 1990

J. C. van Leur, *Indonesian trade and society*, The Hague: W. van Hoeve, 1955

Mira Wilkins and Harm Schröter (eds.), *The free-standing company in the world economy, 1830–1996*, Oxford University Press, 1998

William Woodruff, *Impact of western man*, Macmillan, 1966

E. A. Wrigley, *Energy and the English industrial revolution*, Cambridge University Press, 2010

バグダート
パンジャーブ
ペルシア湾
ホルムズ
ホルムズ海峡
グジャラート
ガンガー河
ビハール
アッサム
ベンガル
スーラト
マーラーター
オリッサ
カルカッタ
アラビア海
ボンベイ
ベンガル湾
ゴア
コロマンデル海岸
マラバール海岸
マドラス
カリカット
セイロン島
北赤道海流
インド洋
南赤道海流

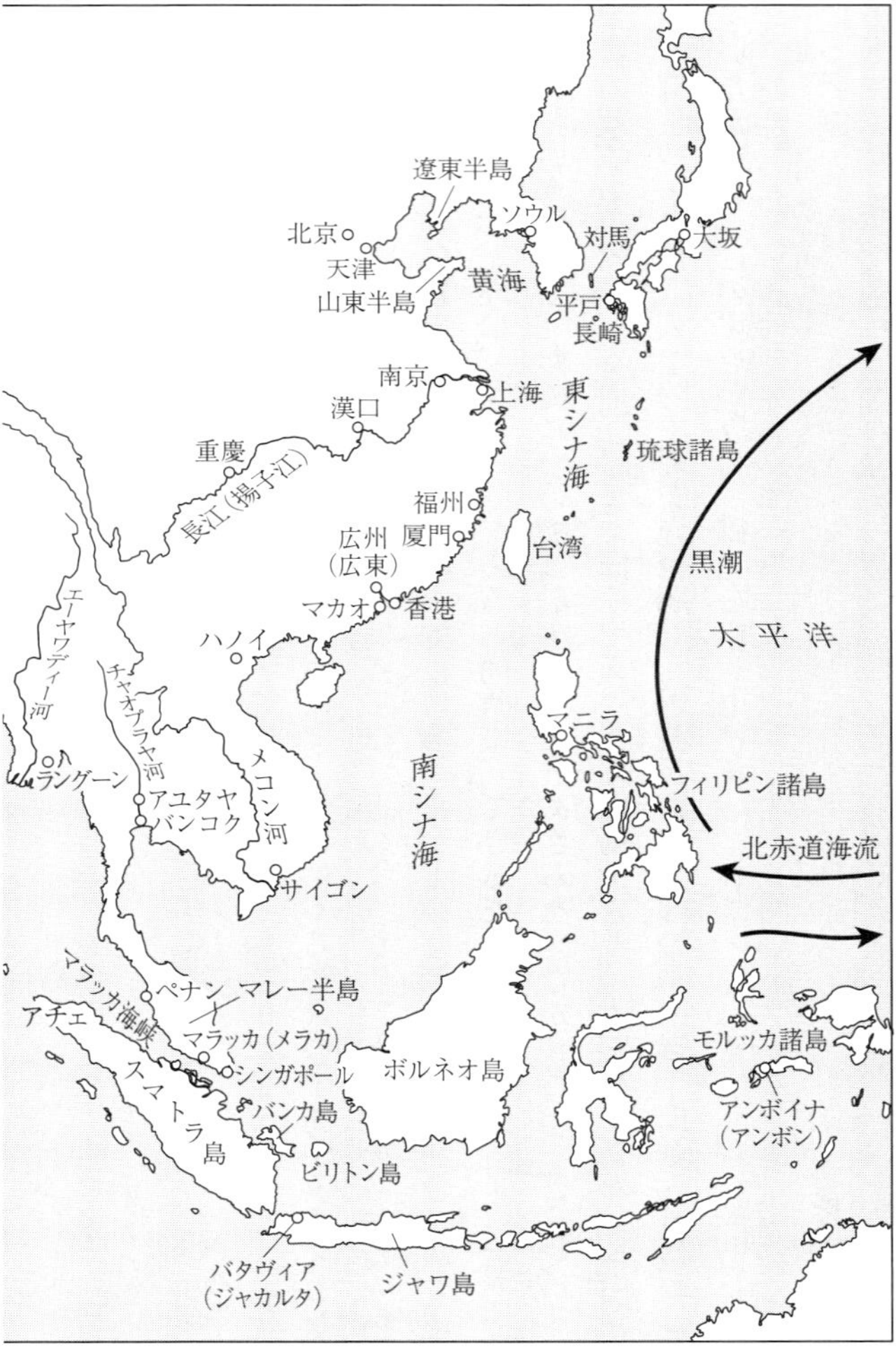
遼東半島
北京
天津
山東半島
黄海
ソウル
対馬
大坂
平戸
長崎
南京
上海
漢口
東シナ海
琉球諸島
重慶
長江(揚子江)
福州
厦門
広州
(広東)
台湾
黒潮
マカオ
香港
太平洋
ハノイ
エーヤワディー河
チャオプラヤ河
メコン河
マニラ
ラングーン
アユタヤ
バンコク
南シナ海
フィリピン諸島
北赤道海流
サイゴン
マラッカ海峡
ペナン
マレー半島
アチェ
マラッカ(メラカ)
シンガポール
ボルネオ島
モルッカ諸島
スマトラ島
バンカ島
ビリトン島
アンボイナ
(アンボン)
バタヴィア
(ジャカルタ)
ジャワ島